AQUARIUS

AQUARIUS

AQUARIUS

AQUARIUS

Vision

一些人物，
一些視野，
一些觀點，
與一個全新的遠景！

Relationship：Bridge to the Soul

親密關係 I

別將伴侶當成
應該滿足
你需求的人

克里斯多福・孟
（Christopher Moon）著　張德芬、余蕙玲譯

謹將此書

獻給太富（1942.12.12 – 2023.03.08）**和美志**——Mr. & Mrs. Wonderful

【推薦序】

真實而活生生的親密關係

／王浩威（精神科醫師；榮格分析師）

克里斯多福．孟的《親密關係I——別將伴侶當成應該滿足你需求的人》與《親密關係II實作篇——活出情緒成年，從破碎到完整的情感必修課》，確實是兩本好書，只不過這是給曾經在生命深處經歷過愛情煎熬的靈魂，不是給那些剛剛熱戀的年輕男女就是了。年輕人的戀愛也有著複雜的心靈歷程，而不是單純說說保鮮期的必然性、或是談談依戀關係或恐怖情人現象而已。只是，年輕熱情並不是這本書所關注的。**作者所關注的是：為什麼即便是人格成熟以後的親密關係，還是充滿了驚喜，也充滿了痛苦呢？**

榮格學者，也是神話學大師的喬瑟夫．坎伯（Joseph Campbell），他就曾經表示過：兩個人可以因為靈魂的融合而陷入所謂的熱戀，然而許多人在有限的熱戀以後，也許很快就因為熱情不再而下定決心分手。這愛情也許是讓人歷盡身心扯撕的歷程，但還是分手了。這樣的愛情對坎伯來說，是屬於「青春期的愛情」。他表示，還有另外一種愛情是讓自己留在這個破碎的關係裡，繼續在痛苦中思考或只是感覺著：到底發生了什麼事？不只是在對方的身上，或者是自己看待對方的方式，也包括在自己身上，或者是對方看待自己的方式。如果你留下來待在這一個已經破碎過的關係裡，但繼續活生生地存在著，坎伯表示，這是「煉金術的愛情」。

許多人即使過了一輩子，也都沒有這個問題，至少在我們華人社會的世界裡，這是相當平常的。如果我們從關係的日常現象來看，很多人（我們的父母、甚至我們自己）都有著穩定的婚姻或親密關係。這樣的關係，如果做一生的長期追蹤研究，很多人對這個關係表示滿意而覺得自己的婚姻關係是幸福的，他們在回顧自己的人生時，會表示年輕時候的忍耐是相當重要的。確實，許多實證的研究也顯示，婚姻的雙方只要有任何一方的忍耐，就可以換來晚年的幸福關係。這一點並沒有錯誤，就像我們所說的「少年夫妻老來伴」，雖然中間的這一段就全部用忍耐來度過了。只是，這樣的關係真的是最好的親密嗎？關於這個答案，可以說是，也可以說不是。

榮格很早以前就曾提出，一家人在一起，會像聚集一起的星團一樣，慢慢召喚出類似的人格。傳統的夫妻，如果撐得夠久，即便是年輕以來就一直吵吵鬧鬧的，好像彼此總沒有任何共同的基礎，但在不知不覺中，兩個人最後還是形成了共同的無意識。而這樣的共同無意識雖然是兩個人都沒能意識到的，也就是並沒有意識到這個共同性是存在的，但這樣彼此都沒意識到的伴侶無意識，其實是深遠地影響著兩個人的性格、甚至軀體。隨著婚姻的年齡過去，兩個人會在很多方面愈來愈像，包括我們所謂的「夫妻相」。

這樣的關係，雖然有著經年累月所累積的共同無意識來成為深厚的基礎，但是卻從來沒有被兩個人所意識到。這是十分可惜的。如果我們可以意識到自己的無意識，意識到兩個人的共同無意識，這將會幫助我們在個體化的歷程當中走得更深遠；或者是用傳統的講法，就是將兩個人的共同關係，同時成為兩個人各自的修身養性；因此，這不只是婚姻關係或親密關係，也同時是個人提昇自己生命層次的煉爐。

在榮格《移情心理學》（中文版由心靈工坊出版）這一本書裡，他談的雖然是心理治療或心理分析當中，分析者和被分析者這兩者之間的關係，但其實也可以用來討論夫妻親密關係將會發生的事情。榮格運用了中世紀煉金術圖像《哲學家玫瑰園》，來說明兩個人相當親近且深入互動的關係將會發生的事情。透過這廿一幅畫，我們可以明白，兩個人從相遇交心，經過了至少兩次在關係上的死亡，而每次死亡又經過重新的相遇才得以復活。每一次的相遇和復活，都比前一次來得更為繁華。所以，兩個人關係的死亡不是問題，甚至是一個很好的機會，關係將因為原來的死亡，才能重生進入更高的層次。而這也是坎伯所謂的「煉金術的愛情」。

克里斯多福．孟在這兩部作品裡，並沒有我這裡的文字所充塞的理論性語言，而全都是活生生的體驗。這兩本書對非專業的讀者來說，其實是很好看的，因為所有的現象對曾經深入愛情的讀者來說都是十分寫實的。曾有一位男性的來訪者，他有一段婚姻外的親密關係，對他來說簡直就是終於遇到了靈魂伴侶，在性愛和感情上，彼此都覺得是前所未有的體驗。只是這個關係是相當毀滅性的。他們相愛相殺，生活上兩個人的事業都因此而擱置了。我的來訪者在會談的中途，向我推薦《親密關係》這本書。他覺得書中所敘述的一切，竟與他和這位愛人的關係如此相似。確實，他所說的並沒有錯。只不過很多事情還有不同的層次。隨著我們分析工作的進行，慢慢地，他才發現自己當年和妻子的關係，更像是這本書所說的。只不過是在婚姻的關係裡，因為大家結婚時是年輕的，兩個人的互動就都停留在彼此認識時的那種稚嫩的心靈狀態，關係於是一直卡在那裡，也就沒辦法做深入的對話了。當他透過這本書，開始和妻子討論自己一直不敢提起的幻滅感，也就是對婚姻已經死亡的長久感受，兩人反而開始有了真正的對話，好像是兩個陌生許久的靈魂重新相遇了。

克里斯多福．孟本身是怎麼樣的背景，嚴格說來我不是很了解的。然而，從這兩本的書寫，我們可以看到海倫．科恩．舒曼（Helen Cohn Schucman）《奇蹟課程》、恰克．史匹桑諾（Chuck Spezzano）的知見心理學（Psychology of Vision）等人對他的影響（或相互影響）；而這些又可追溯至中世紀以降、以榮格為代表的歐洲浪漫主義心理學與心靈學的大傳統裡。而**克里斯多福．孟最擅長的是運用他深入而豐富的經驗，協助人們找到自己的答案。對於自己靈魂層面的親密關係有過反思的讀者，都會被他的純粹性與覺知力觸動，**

並因而感覺有所領悟。這兩本書不是什麼偉大理論的論述，而是獻給所有人或者所有的靈魂，曾經因為愛而折磨的一切生命，用來作為自己曾經複雜而混亂的感受，終於有了清楚的鏡映，有了屬於自己的領悟。

【推薦序】

這是我讀過兩遍以上的書

／張德芬（作家；著有《遇見未知的自己》、《關係不是愛情，而是修行》等九部作品）

真高興克里斯多福老師的書《親密關係I——別將伴侶當成應該滿足你需求的人》再次在台灣出版。我個人在幾年前讀到這本書的時候，就覺得這是講述親密關係的經典之作，任何對親密關係有興趣的人都不能錯過。

但凡是人，幾乎就不可能沒有親密關係的煩惱。親密關係並不僅限於男女的愛情關係，只要兩個人親密到一定程度，向對方敞開到一定程度，室友、同學、同事、朋友、家人等，都可以算是親密關係的一種。當然，男女之間的親密關係是能量最大、張力最強的，因此衝突也最大，也最讓人心碎。

克里斯多福老師的基本觀點（這個觀點也為眾多的心理學家、婚姻專家，甚至靈性大師所贊同）是：**你的親密關係伴侶，是來幫助你更加認識自己，進而療癒你的創傷，最終找回真正的自己，因此，親密關係是通往我們靈魂的橋梁**。

克里斯多福老師把親密關係的過程，分為以下幾個階段：月暈、幻滅、內省和啟示。很多人都會覺得奇怪，為什麼當初在月暈期愛得死去活來的兩個人，在幻滅期可以形同陌路或仇人。用最簡單的語言來說就是，我們通常會把自己從小到大得不到的、未滿足的需求，全部投射在那個愛我們、讓我們覺得特殊的人身上，覺得有了他（她），這些需求都會得到滿足了。

其實這種投射，是把我們理想父母的原型投射在對方身上。當然，**世界上不可能有人能滿足你所有需求，填補你從小以來的匱乏**。然而愛情是如此的盲目，我們的頭腦也是會愚弄我們的。在戀愛初期，我們最欣賞的對方的優點，可能到了後期，正是我們想離開他的原因！其中的關鍵，就在於我們以為對方擁有我們幸福快樂的鑰匙，竟然膽敢不給我們。克里斯多福老師用了很大的篇幅讓我們知道，在幻滅期，我們和伴侶會用什麼樣的偏差行為來進行權力鬥爭，讓對方屈從，好讓我們自己快樂。

而很多佳偶在幻滅期就陣亡了。他們未能進入內省階段，看到自己在親密關係中是如何扮演受害者的角色，而要對方為自己負責。他們未能把親密關係看成是修行的道場，而在其中成長、學習。

這實在太可惜了。錯過了這樣成長的機會，下一次的關係可能會再次發生同樣的情形，因為你沒學會你的人生功課。克里斯多福老師的書，讓我們在幻滅階段有所覺察，在內省階段能有所指引，因而獲得啟示，真是親密關係艱難旅途中的一盞明燈。

最讓我感動的是，克里斯多福老師總是毫不吝惜地與我們分享他自己婚姻生活中遭遇的種種挫折。他的開誠布公，他的謙虛真誠，在字裡行間就能打動讀者，引起共鳴。

這是少數我讀過兩遍以上的書。我知道我還會再讀它，因為生活當中的問題總是層出不窮，而我們又是如此健忘，常常忘了智慧和寶訓其實都在我們唾手可得之處。

希望閱讀本書的讀者都能夠學習到親密關係的真諦：當你出發去尋找真愛時，你就踏上了自我追尋的旅程。祝願我們的旅程都一路豐收到終點！

【作者序】

一九九九年，我撰寫《親密關係I——別將伴侶當成應該滿足你需求的人》時，目的是希望提供給人們一張路線圖，引領人們穿越親密關係的複雜景致，並主要著眼於親密的伴侶與婚姻關係。如今二十六年過去了，我很開心這些知識仍然有幫助。對我來說，這本書不只是本自助手冊或個人發展指南，也是我與妻子素梅的個別經歷，或作為一對伴侶時所得到的教訓以及突破。雖然書中已提供了許多範例與準則，但仍有一些精華觀點，在我作為一位丈夫、父親，以及一個獨立個體的時候，為我提供了很大的幫助。在此，我想要指出其中一些觀點，並在本書中增加一些新的體悟。

感覺的重要性：從人性上來說，我們傾向於保護自我最脆弱的部分，然而這也是造成關係衝突的主要原因。對於傷痛、需求、罪惡、害怕，以及恥辱的保護機制，在個人的過去經歷中逐漸建立起來，以至於我們在情緒上，並不如身體以及智識上來得成熟。為了成為一個情感成熟的成人，重要的是要突破這個保護機制，並正視我們的感覺，才能發現心靈最驚人的祕密。（注意：本書中許多篇幅著重於如何回應你的感覺。這些回應包括清楚地正視它，並將它連結到一個「更高的力量」。從某種程度上來說，日常生活中，我總是將這些觀念和想法拋諸腦後。一開始，你可能會覺得這些建議很有幫助，但它們只是工具，用來幫助你更清楚地意識到你的脆弱，並進而接受它。起初，我們總會認為這些痛苦、恐懼與罪惡，都應被治療與復原。然而，透過接受以及認識這些情緒之後，你將會發現這些感覺只是隱藏事實的幻象，進而發現一個充滿力量、智慧與快樂的真實自我。）

責任的重要性：責怪、批評與指責是人類防衛機制的關鍵要素。責怪他人、批評他人的行為、指責他人不願改變，其實是一種輕而易舉的手段，能夠簡單地利用道德批判，將自己提升到一個高於他人的位置，也使我們擺脫了自身的不安。然而，責怪、批評與指責的態度最終只會加強自我的受害者意識。受害者常感到無力、無助、無價值且無法自我滿足。他們的防衛機制常常是自我否定，並將自己置於一個道德正確的位置。當我們坦然面對內在的受害情緒時，我們將有機會更具有意識地正視這份感覺，並瞭解這僅是一種感受，而非事實。責怪、批評與指責也終將不再發生。

親密關係是一種完美設計：在親密關係中，所有的一切都是重要的部分，即使是令人不悅的衝突與不適的情境。當你繼續在感情中成長時，你也開始懂得欣賞你跟伴侶之間所發生的任何事情。當你拒絕接受不悅與不適時，你也不再看見這些事物所能帶來的啟示，也將使你無法看清正在發生的事物。

絕對的愛是無條件的：通常我們在親密關係中所謂的愛，事實上是由於伴侶的行為所帶來的滿足感，或對於重要感與歸屬感的需求。**真正的愛是無條件的，完全與任何情境和情勢無關，無法從他人那兒獲取，也非由他人的行為而觸發，而是因為你就是你！**一段關係的目的不是給予與接受彼此的愛，而是幫助你瞭解你自己就是一直以來所尋找的愛。

伴侶的目的：如同上述所說的，**你的伴侶不是你的愛與幸福的來源。滿足你的期待與使你開心不是他們的職責**，但你的伴侶的確在你的生活中扮演了三個重要的角色，尤其在面對情感上的成熟與喚醒真實自我的時候。這時**你的伴侶將會依所需而扮演這三種角色之一：一面鏡子，讓你看見引發你關注的不舒服感；一名老師，在你探尋真實自我的時候，激勵與啟發你；一名「玩伴」，開啟並陪伴你一段生命的旅程。**

關於親密關係與它們如何協助你發現真實自我之間的關聯性，將會有更多的線索、提示與見解，分別在本書中闡述。親密關係是一個強而有力的學習工具，能幫助你發現並且體驗——你一直以來追尋的所有東西只是隱藏在表面之下，其實它們一直就在你眼前！

【前言】

親愛的讀者，感謝您對本書的興趣。自一九九九年創作以來，這本書就像我自己一樣，經歷了許多重大的改變。這是因為在親密關係中，我們可以學習的主題是沒有盡頭的。即使是那些我已經學過，並且為我的生活帶來深刻改變的課題，我也在更深的理解層面上，有重新的體驗！因此，這本書已經發展到不僅包含了親密關係中更深層次、原則，同時也保持其簡單的訊息、幽默的風格，並且為個人走在自己的關係迷宮中時，提供了一張地圖。

有些參加過我的工作坊、聽過我的講座或讀過我的書的人，誤以為我有「人際關係專家」的頭銜。雖然我在這個領域遇見過很多很優秀的老師，有趣的是，我也遇見過這些老師的伴侶，目睹了他們之間突然出現衝突而相持不下。這些衝突有些發展成權力的爭鬥，有些則演變成跌跌撞撞地試著以和平、彼此可以滿意的方式解決衝突。在那些場合，以及當我和太太之間出現衝突的時候，都沒有人際關係專家在場，有的只是盡力而為的普通人而已。

儘管本書是提供人們在親密關係的水域航行時，有時遇到了巨風大浪時的指南，但它並不保證你在閱讀完本書之後就能一帆風順。這也不是一本已完成的著作，因為它現在是，將來也是一本永遠在進行中的著作。因為正如我所提到的，親密關係是一段永無止境的學習過程，而衝突是給予我們成長課題不可或缺的成分。當生命希望你成長時，它會給你一種刺激物，而這種刺激物通常是人們不想要的，你的伴侶通常就是這種刺激物。當然，如果你有小孩的話，他們有時會取代刺激物的角色，但你的伴侶是排名第一的。

在你們的關係中，有時極度不舒服或痛苦的刺激物會出現，通常是透過衝突來傳遞。本書的目的是讓你為這些可能發生的情況做好準備，並協助你，看清你的某些想法、態度、情緒反應或行為。這些想法、態度、情緒反應或行為傾向於加劇衝突，並將它們轉變為權力的爭鬥、委屈、怨恨和其他不愉快的經驗，這些經驗可能會將你們的關係變成囚牢。然而，這本書也提供了洞察力和工具，可以幫助你以更明智、更有效、更成熟的方式來處理衝突，讓你體驗極好的突破和轉化，以及與伴侶間更深層次的親密與和諧。

在生活中，我們要麼學習和成長，要麼保持無知，停滯在慣性的模式中，這樣只會讓我們變得死氣沉沉。有時候，我們所學到的東西是以愉快、令人振奮的方式傳達，而也有其他的課題……嗯……讓我們面對現實吧……它們通常是以意想不到、不受歡迎的方式闖入我們的生活。

我希望這本書中的原則和信息可以幫助你，就像它們持續幫助我一樣。讓我們從親密關係所要教導我們的課題中獲益，讓我們可以在智慧、理解、清晰思考、情感成熟度，以及最重要的——愛中成長。

目錄

目錄

目錄

目錄

目錄

目錄

第五章 啟示

第六章 靈魂關係

目錄

第一章　親密關係的聖杯

「尋找真摯、永恆的親密關係，
其實就是尋找自我。」——克里斯多福・孟

一種全新的「愛」的體驗

幾乎每個人都希望擁有很棒的親密關係。這麼說，可能還不夠貼切。許多人終此一生花費大量精力，在「尋覓伴侶」這個似乎永無止境的冒險旅程中，不斷地尋找、失去或離開某個人，如此反覆循環，直到覓得理想的伴侶或至死方休。

即使尋覓最終得償所願，有時親密關係也會成為沉重的負擔。在最初始的興奮與希望退去之後，不滿與掙扎可能隨之而來，其中複雜的情緒困擾，就連天才也無法解決。

親密關係問題的真正根源往往像個無解的謎，因為在看似單純的尋找和留住那個「特定的人」的過程背後，其實有著不為人知的目的。

你也許會很驚訝，但事實上所有親密關係的問題和挫折，都為了這個目的而存在，而且蘊藏著希望。在我的個案中，每當我告訴案主，在親密關係中，痛苦的浮現是件好事時，他們總是既驚訝又懷疑。

彼此傷害怎麼可能有意義呢？應該這麼說，只有瞭解到每段親密關係的開始都是一段偉大的探索旅程時，我們才會明白其中的意義。

當開始尋覓人生伴侶時，我們通常不會察覺，其實**我們真正在追尋的事物，偉大得超乎想像——要比兩個靈魂之間可能發生的事偉大得多**。我稱之為「從親密關係中體驗到的真理」。

在「靈魂關係」的路途上，我們不單是在尋覓愛情，還是在尋找一種能讓我們一再陷入熱戀的經驗。就像勇敢的騎士尋找聖杯一樣，我們希望從親密關係中得到能滿足身、心、靈三方面渴望的東西。表面上看來，我們似乎只是孤單或渴望能有人分享我們的喜怒哀樂。但事實上，在每段親密關係的背後，我們的靈魂都在運作著，引領我們去體驗靈性上的滿足。

我們當中有許多人想要親密關係，並且需要的不只是慰藉與陪伴，這本書就是為這些人寫的。我們需要的是能鼓勵我們超越自我的伴侶；我們在追尋的是能激發人生意義與方向，並在我們受到考驗時，給予我們幫助的人際關係。這也就是「靈魂關係」。

在這樣的結合中，我們不只是想得到什麼，而且希望付出——不自私、不求回報地付出。直覺上，我們似乎知道，當我們真正沉浸於愛中時，我們會很快樂，而快樂時就自然地想要付出。我們希望無條件地付出，因為在我們心靈深處覺得這是對的。在我們所有的夢想背後，在所有對力量、目標或意義的追求背後，唯一的欲望其實是想瞭解無條件的真愛。一開始，也許我們只想跟另一半分享這份愛，但從「靈魂關係」中得到的真愛不能被侷限在兩人之間，而是要推及整個世界。

「靈魂關係」就像聖杯一樣難以捉摸，而社會的力量更使它難以尋獲。在觀察現代人際關係時，我們會發現，我們就像在黑暗中摸索，沒有地圖、羅盤或手電筒的引導，只隱約覺得有什麼在呼喚我們，卻又往往因為痛苦、挫折、無聊、困惑或疑問而放棄。

有時候，起初很美好的事物，最後會變得十分醜陋。事實上，在北美洲，被親密伴侶攻擊的機率比遭到陌生人攻擊的機率還大。

通往「靈魂關係」之路，似乎每一步都布滿荊棘。

朝夕相處的親密關係是高層級的「靈魂關係」的第一階段，但這個階段中，充滿了許多陷阱與困難。令人驚訝的是，竟有許多伴侶仍能維持住感情而不分開。更令人驚訝的是，嘗過分手痛苦的人還能重新振作，再接再厲！導致分手的爭執往往十分痛苦，令雙方都受到創傷，但人們並不是為了自尋痛苦而與他人發展親密關係。沒有人會說：「我需要親密關係，我已經厭煩了出外尋求苦難，如果能在舒適的家裡受苦受難，那該多好啊！」只不過，在這個年代，親密關係似乎總會讓人露出醜陋的一面，而這一面往往令伴侶難以接受而選擇分開。

但不論先前受了多深的傷，我們仍不放棄繼續尋找「完美的伴侶」。為了尋求真愛，不管是一開始的浪漫、絢爛，還是之後的爭執及無盡的阻礙，我們都一路走來。

但是，我們在日常親密關係中的表現，真的是愛嗎？我曾經連續好幾週，每晚守在電話前，等女友來電，在訂好下次約會之前，不做任何的計劃。聽起來很浪漫吧？我就這樣時而呆坐、時而踱步、時而埋怨地等下去。

如果我是電影的男主角，觀眾一定會相信我是無可救藥的大情聖，為了向唯一的愛人證明自己的心意，就算是死，也在所不惜。但那真的是愛嗎？還是需求不滿而又覺得自己很無能？

有時候，我會和她吵鬧，大吼大叫，要求多些時間和她在一起。這是因為我愛她嗎？還是我想控制她，讓自己不會孤單或吃醋？我還記得分手時說的話：「我再也受不了這種折磨了。」她是一個很好的女人，給人溫暖、關懷，又有幽默感，但是當她的男友，卻令我抓狂！這與愛無關，而是我無法維持這段親密關係。但我卻清楚地知道，一開始發展這段親密關係的動機，是為了尋找真愛。

很少人能預先做好萬全的準備來面對親密關係的挑戰。小時候，沒有學習的對象，老師也沒有清楚地教導我們如何親近別人，於是這項課題就落在我們自己力所不及的肩上。

我們往往不能察覺，在互相陪伴和組織家庭之外，親密關係其實有更深一層的目的。**在成長的過程中，我們並沒有瞭解到親密關係中的磨難，其實有其意義與解決之道。**

親密關係是表達人生高低潮的一種藝術。就像所有的藝術一樣，它也需要個人天分（這每個人都不缺）、基本教育和不斷的練習。雖然每個人的親密關係都是與眾不同的，但其中還是有一些共同的傾向。

許多人把需求和感覺當作愛；許多人相信爭吵時一定有一方對，一方錯；許多人經常想操縱或控制另一半；遇到瓶頸也是常事；還有許多人甚至害怕愛和親密！當瞭解了這些傾向的由來之後，我們就可以採取實用的原則，並依據個人狀況來解決問題，使我們的親密關係昇華成一種全新的「愛」的體驗。

我可以想像，有一天會有專門教授親密關係學問的學校成立。但在那之前，我們需要的是能幫助我們走出迷霧的基本指導——為現代人而寫的，簡單、明瞭又實際的指導，就像這本書一樣！現在就讓我們一起來瞭解所有人際關係共同的必經階段及其原因，並試著找出一種簡單又自然的方法來克服障礙，向更高層級的「靈魂關係」邁進。

以下所要討論的，我相信是所有人際關係共通的原則，跟你是單身或有伴侶，是異性戀或同性戀無關。也許你覺得你的伴侶是世界上最棒的大聖人，或是最差勁的渾球，或介於兩者之間。**這本書要說的只是，如果關係出了問題，你並不需要尋求外力的幫助——你自己就有足夠的能力來處理問題，並成長、體驗到高層級的、真正的靈魂關係。**

另外，所有的人際關係，包括朋友、手足、上司、下屬、生意夥伴，甚至政治黨派等，都適用這套原則。

以下要討論的，主要以親密關係為範例，但基本原理卻是各種關係都共通的。我希望讀者會覺得這本書很有趣、有教育價值，且具有啟發的作用，不只讓你自己享有更美好的親密關係，也可以幫助其他同樣在這條道路上掙扎的人。

練習

寫下初遇時，你在伴侶身上發現的所有優點，相處至今新發現的優點，也加上去。然後，另外拿一張紙，把你現在在對方身上看到的缺點寫下來。

把兩張表放在一起，第一張表上列的每一項得十分，第二張表上列的則扣十分，看看你的親密關係是正分，還是負分。

許多人在做了這個練習之後會驚訝地發現，雖然他們的親密關係經歷過許多困難或危機，但**另一半的優點其實還是多於缺點的**。只是他們忘了當初被伴侶吸引的原因，而只注意到對方不好的地方。

第二章　月暈現象

「閃閃發光物，並非盡黃金。」

——諺語

我用「月暈現象」這個詞來代表不實的光彩，使人分心而看不到真正的光源。月光就是如此，月球本身並不發光，它只是反射太陽的光。

許多電影巨星受無數影迷仰慕，而事實上他們也只是凡人，不過是象徵人類宏偉、強大或美好的一面罷了。這些影星的私生活，其實也像普通人一樣有許多問題，但影迷們被絢麗的光彩所迷惑，看不到這個事實，幾乎把明星當神一樣來崇拜。體育明星、政治人物及所謂的「皇室貴族」，也是如此。即使無數的醜聞讓盲目崇拜的問題暴露出來，也不能改變人們崇拜偶像的傾向。

當踏上情感之旅時，我們也會看到「月暈現象」。

情感之旅

「墜入情網的，誰不是一見鍾情？」——克里斯多福・馬羅（Christopher Marlowe，劇作家、詩人、翻譯家）

讓我們先來看看親密關係的第一階段，這是個讓人滿心溫暖的階段。不管被灼傷過多少次，我們仍然被熱情的火焰所吸引。

這是人類七情六欲中最強的感情，我們心甘情願為愛盲目，被愛吞噬。從童稚的少年到遲暮的老年，每個人都嚮往在遇到一生真愛時的那種心動感覺。我們是如此深信愛情的力量，以至於兩個「找到彼此」的人的邂逅，成了無數著作與電影的靈感。

在小說主角之外的真實人生中，有些人確實能找到真命天子，且努力維持住初識時的熱情之火。其他的人呢？純粹是為戀愛而戀愛，一生中不斷尋找能讓我們熱情不滅的特殊人物，而當熱情熄滅時，便轉而尋找下一個可能目標。

親密關係的過程，一開始是互相吸引，然後一步步發展出浪漫的火花。人一旦墜入情網，難免會有過高的期望，以致最後掉入幻滅的深淵。在夢想幻滅之後，人會開始懷疑親密關係的真正價值。

滿懷的希望如果落空，一個人很可能妄下結論，認為親密關係都不會有好結果。再往下讀幾頁，你可能也會覺得我的目的是要證明親密關係都註定要失敗，但請你繼續讀下去。我相信**恐懼與無知是造成所謂的「親密關係失敗」的兩大原因**。愈瞭解隱藏的陷阱，我們就愈不會被無知所控制，自然也就沒什麼好恐懼的了。只要明白了情感的傾向，親密關係就可能有結果，而讓我們有一窺真愛的機會。

簡單來說，情感是來自人類「愛與被愛」的基本需求。這個主要的動機就構成了人與人之間的「吸引磁場」。

吸引磁場

「我被蠱惑了！如果那個無賴沒有對我下藥，我才不會愛上他！」——莎士比亞，《亨利四世》第二幕第二景

人類想要發展親密關係，比其他的動物要來得難。

如果是鯨魚，牠們只要在幾百英里外發出聲波，然後朝回應的聲波前進就好了。只要躲過了魚叉、油汙和漁網，牠們就能找到伴侶。如果人類和山羊一樣，兩隻公羊會以額頭相撞，撞到頭痛之後，牠們就會明白和母羊交配，比撞頭要有趣得多。在動物界，求偶往往是利用一種以上的感官，使同物種的雄性與雌性相遇而繁衍後代。

但人類卻運用不同的規則：我們尋覓伴侶的動機，和數千年來沿用相同求偶過程的動物朋友們往往不太一樣。縱觀人類的婚姻史，你會發現，直到最近這幾百年，才有許多人得

到自己選擇伴侶的自由。不過直至今日，世界上還有些地方的婚姻不是自由戀愛的產物，而是奉父母之命，原因不外乎社會地位、現實或經濟等因素。

那麼，有自由選擇權的幸福的人們，又是怎麼選擇伴侶的呢？我們在一年之中會遇到的人不下數千，為什麼只選擇特定類型的人呢？是一見鍾情、化學作用，還是只因為寂寞？羅曼史到底是什麼呢？

我有一個朋友曾對我說，他與妻子初遇時，在兩英尺外就有千真萬確的「來電」感覺。（在他們離婚數月後，我提醒他這段小插曲，他的回答是：「哦，那個啊，只不過是地毯的靜電嘛！」）

另一個朋友跟我說，當他看見未來的妻子光腳走過牧場，而且故意踩在牛便便上時，他便愛上了她。他說那時他就知道和她在一起永不會厭煩（他們結婚已三十年了，仍然熱情如昔）。

有些人是愛上漂亮的臉蛋，有些人則是想找個善良、體貼的人，安定下來。有個女人對我說，她愛上一個男人，因為她知道他絕不會欺騙她。我問她，在初遇時，是否覺得他很吸引人。她回答說她根本不記得他那時的樣子了。

一個最有趣的例子是，我的一位女性友人告訴我，她結婚只是為了逃離她的父親。（她丈夫和父親，我碰巧都認識。這兩個人不論言行舉止，甚至外表都幾乎是一個模子刻出來的。）看樣子，每個人「戀愛」的原因都不相同。

然而，**無數親身經驗與常年對親密關係的研究，卻讓我明白，人們戀愛的真正原因，往往不是他們自己所想的那回事。開始和維持一段親密關係背後的真正動機，其實在於「需求」**。

身為一個無可救藥的浪漫主義者，我實在不願意相信這是真的。我想要相信的是，在這世界上，有一個專門為我創造的女人。她存在的唯一目的，就是打開我的心房，讓我體驗真愛。只要找到了她，我們就會從此過著幸福快樂的生活。我們會手牽手，走在鄉間小道和草原上（小心地不踩到牛便便），即使不發一語，也心有靈犀。我們彼此幾乎不開口說話，只會偶爾交換一些充滿智慧或幽默的意見。我會是她的英雄，而且因為她對我有信心，我將成為我天生註定要當的偉人！我只想相信，兩個人可能相遇，而在通過快速的愛情考驗之後，從此就過著幸福快樂的生活。

這真是一幅完美無缺的景象，除了一件事——我身在其中，而有太多需求的我，一點都不完美。

這種情況在很小的時候，也許從我們還在子宮裡時就已開始出現。我們愈認同自己的身體與周遭環境，就愈會受到身心與情緒上的需求的影響。

在日常生活中，我們的所作所為，絕大部分都是為了讓某些需求得到滿足。我們追求或吸引別人來做我們的伴侶，是因為我們需要人陪伴、照顧、瞭解、支持、接受、讚賞、撫摸和相擁而眠……這是十分自然的，並沒有什麼不對。

但是若我們相信，我們所需要的快樂、安全感、自尊或其他的許多事物，都要經由別人來實現，這就成為一個大問題了。但是要求別人來滿足我們的需要，正是我們孩提時代所做的事：我們希望媽媽或爸爸來滿足我們的所有需求。

簡・尼爾森博士（Dr. Jane Nelsen）在其有關孩童正向教養的著作中指出，**孩童的兩大主要需求是歸屬感和確認自己的重要性**。在我看來，這兩項需求來自相同的根源，那就是人類共同的「愛與被愛」的需求。

這些需求沒有被滿足時，我們怎麼辦呢？還有什麼方法可想呢？我們不能就此放棄這些需求，那等於是放棄了我們的人性。我們必須保留它們，急切地盼望有一天會得到滿足。我們使出想得到的所有把戲：哭鬧、抱怨、撒嬌、甜言蜜語、發脾氣、裝可愛……但還是不能讓需求得到完全的滿足。至此我們仍不放棄，於是我們把這些沒有被滿足的需求丟進心裡的儲藏室，並隨著時間推移不斷累積。

這些需求中最主要的就是「歸屬感」。在孩子們努力尋求歸屬感時，他們很快就瞭解到，如果想要永遠被愛，並成為父母生活中重要的一部分，最好的辦法就是證明自己具有特殊的價值。他們必須以顯而易見的方式來證明自己，因為父母似乎不能明白，他們的價值是與生俱來的（至少孩子的心裡是這麼想的）。「想要變得特別」的欲望於是誕生。

「想要變得特別」的欲望，正是激發我們浪漫情懷的主因。我們慣於尋找一個非常希望和我們在一起，一旦不能在一起便痛不欲生的人。由此而衍生出以下的千古名句：「沒有你，我活不下去」或者「如果你離開我，我會死掉」。這個人可以無視我們所有的缺點，絕不傷害我們，即使我們有錯，也永遠支持我們，而且永遠覺得我們很了不起。

這個特別的人需要我們的程度，和我們需要他／她一樣多。（如果這個人需要我們的程度，比我們需要他／她還多一點，那就更完美了。）想要有重要性、有價值、有用、被讚賞、被接受等欲望，全都衍生自想當特別的人的需求。

因為如果沒人覺得我們是不可或缺的，我們將被迫面對被全世界遺忘的難受感覺。（我們還必須面對另一個殘酷的事實：將不會有人滿足我們的需求！）於是，我們帶著所有的情感、幻想和無數沒被滿足的需求，展開尋覓之旅，希望找到一個為了我們可以拋棄全世界，而且永遠把我們放在第一位的理想情人。

浪漫的情感之旅就此開始。一個人滿懷熱情，排除萬難，只為了和另一個人心靈相繫，是多麼美好的事！（我說這話時是真心的，沒有諷刺的意思。）

記憶中，我第一次感到自己比我的生命本身還偉大，是在我初次體驗到戀愛的興奮時。往後的每次戀愛，我也都有這樣的感覺。每當我一想到心上人，心就會狂跳，而且樂觀地展望未來。

一開始，我並沒有察覺，**其實這種美好感覺的真正原因，是因為我意識到需求即將得到滿足**。然而在心靈深處，我卻清楚地感受到欲望在啃噬著我，由於我用很強的羞恥心來作為防衛的機制，欲望才不至於暴露出來，於是，「求偶遊戲」便開始了。讓我舉個例子來說明。

記得中學時代的舞會嗎？這類活動的唯一目的，似乎就是為了「炫耀」。也就是說，參與的男孩、女孩們，大都盡力展現自己最好的一面，特別是那些沒有男女朋友的。

如果我們這一票男孩都沒有女友，在改裝成舞廳的體育館裡，我們會站在一塊兒裝酷，假裝無視女孩們的存在。每當有可愛的女孩走近，我們這票人就會轉變話題，開始討論一些「有男子氣概的事」，像是計劃週末要跟不良少年打架啦，或是最近和危險的黑手黨交易毒品之類的。

從頭到尾，我們都在裝模作樣，好像旁邊的女孩對我們來說一點都不重要。事實上，那個女孩在我們充滿幻想的心中的地位愈重要，我們就愈虛張聲勢，也愈對她不理不睬。為什麼我們要有這種舉動呢？因為我們需要她。但有需求總讓人覺得寂寞、軟弱，而且一點都不特別，畢竟，有哪個自尊自重的女孩子，會喜歡上一個需求不滿的軟弱男人呢？所以我們只好假裝什麼都不需要。

我和朋友們在尋覓的，是一個能讓我們覺得自己很特別，同時又能彌補我們不足之處的女孩。荒謬的是，為了吸引到這樣的女孩，我們必須假裝自己擁有那些需要她來彌補的素質。

讓我們換個角度來看：假設你缺乏自信，那麼你難道不會被一個自信滿滿的人所吸引嗎？但對方又如何呢？他有可能被一個沒自信的人所吸引嗎？你會想，這當然不可能。因此，如果你希望那個人覺得你很特別，最好的辦法就是，假裝你也是一個充滿自信的人。

而對方為了吸引你，搞不好也在做同樣的事！**這種互動關係，通常就是兩個人開始交往的原因，也就是一方誤以為另一方擁有他所需要的東西**。

這並不是說我們故意欺騙想建立親密關係的對象，但為了吸引別人，即使連我們自己都討厭面具下隱藏著的需求，我們還是會盡力表現出最好的一面，以求達到目的。

也許我們會這樣想：只要我們能吸引到「真命天子」，這個理想的情人會覺得我們很特別，所以不會計較我們善意的欺騙，而且不待我們開口，便會自動滿足我們的需要！

這時候，問題就來了，我們到底要怎樣才能找到那個「真命天子」呢？答案就在於「製造夢想的機器」。

製造夢想的機器

「當我需要你的時候，我唯一需要做的事就是作夢……」——「艾佛利兄弟」二重唱（The Everly Brothers）

孩童時期的需求沒有得到滿足時，我們心中所形成的看待外在世界的態度，對我們有很大的影響。

我們兒時絕大多數的行為，都以「歸屬感」和「被重視的需求」為出發點。但如果我們的行為沒有得到預期的結果，我們往往會覺得更孤單、更不被重視。我們很可能會覺得這個世界缺乏關懷、溫暖和真情，而感到絕望。這種感覺會使我們對自己的重要性感到懷疑。

為了彌補外在世界的不足，我們會在內心創造出一個幻想的世界，讓自己成為英雄——

也就是我們的小小世界裡最特別的人。在我還是五歲小孩的時候，我就已經開始幻想自己是一個英姿勃發的年輕牛仔，來到紛亂的小鎮剷除邪惡。然後，大家就都會喜歡我了，連我的大哥也不例外！

在我們長大的過程中，這個製造夢想的機器也隨之成長。當我們開始需要伴侶時，我們便在心中描畫出一個夢中情人。把需求清單逐一輸入製造夢想的機器後，理想伴侶的形象便完成了，且深印在我們的夢想之中。

有沒有聽朋友對你說過，他們的新伴侶正是他們找了一輩子的人？讓我問你一個問題：如果他們沒有在心中預先準備一幅藍圖——即使是深埋在潛意識裡——他們怎麼會知道新伴侶就是他們的理想情人呢？而且，既然他們已經找了一輩子，那麼這個夢中情人的形象，可能在孩童時代就已開始刻畫了。**隨著未被滿足的需求不斷增加，夢中情人的藍圖自然會變得愈來愈複雜**。

十八歲那年，我的夢中情人已經成了十八年來累積渴望的綜合體。這個在我夢中，和我手牽手，走在鄉間小徑，不發一語也心有靈犀的女人，就像母親般慈愛、溫柔，並給人安全感，也像是某位小學老師那樣成熟和親切，又像個大姐姐般善解人意，還像另一位小學老師般性感。

同時，她也具有從前一位讓人心動的同班女孩的幽默感，再加上彷彿出自《聖經》或宗教電影的天使般的形象。簡單地說，她概括了我情緒上和心靈上所有的欲望。但是，每當幻想和所謂的「現實世界」發生衝突時，我總十分困擾。每個吸引我的女孩都擁有一項或兩項我夢中情人的特質，但很少具有三項以上的，符合所有特質的，更是一個都沒有。

有時候，她們一開口說話，便破壞了我之前對她們的好感；有時候，我會覺得她們不會照顧人或不夠善解人意。沒有一個我喜歡上的女孩能和我的夢中情人一樣好，而我又太執著於夢中情人的形象，以至於有一段時間，我選擇「遠遠地欣賞」女孩們，等待夢中情人的出現。

很快我就發現，這樣拖下去是不會有結果的，但我又無法降低標準，和比不上夢中情人的女孩交往。於是，我只剩下了一個選擇，也就是是**人類有戀愛史以來，絕大多數人都會做的選擇——那就是選定一個最符合條件的候選人，然後進行改造計劃**，讓她變得和我的夢中情人一樣。

我會買書給她看，讓她變得善解人意；我會教她如何做一個親切的人；如果去踏青時，她跟不上我，我會帶她去健身；而且，我還會讓她習慣鄉間小路的塵土、蟲子和炎熱。我一定要讓夢中情人成真，不計任何代價！

每個人都會經歷的改造過程，就這樣開始了。

一旦找到有潛力滿足我們需求的候選人，我們就著手將他們塑造成我們心中的理想伴侶。只要一點點的幫助，他們就可以變成能讓我們快樂的人。我們會想，這不只是為我們自己好，也是為他們好。

這種修飾或徹底改造伴侶的企圖，很快就會讓我們走上通往地獄之路。

通往地獄之路

「通往地獄之路，是用期望鋪成的。」——克里斯多福・孟

期望與要求可分為「明說」和「暗示」兩種方式。

暗示的方式應用十分廣泛，主要原因有二：

一、你希望伴侶滿足你的需求，但又不想表現出軟弱且需求不滿的樣子；

二、你幻想你的理想情人會讀心術，能夠知道你的每個想法。

如果不想明說，那麼在伴侶沒有滿足你的時候，你就必須十分依賴肢體語言來表達你的不悅。不說話，再加上有點難看的臉色，通常就能達到暗示的效果。但如果你的伴侶屬於神經大條型的，你可能就要用更明顯的表達方式，才能得到效果了。

假設你新認識的情人星期五晚上沒打電話來，你一定不希望這種不體貼的行為再次發生，因為那會讓你覺得自己不夠特別，但是你又不能直說希望對方每天都打電話給你。而且，如果對方是一個真正溫柔、體貼又全心愛你的情人，你不用開口，對方也應該知道該做些什麼呀！於是呢，當新情人終於打電話來的時候，你還是保持著禮貌的態度，也有問有答，但語調卻是冷冰冰的。

一個理想的準情人應該馬上就會明白你的意思，但如果對方遲鈍到一再問你發生什麼事，你可能就必須簡單地回答一句：「如果你昨晚就打電話來告訴我你的週末計劃，我會很感謝你，因為這樣我也可以為自己做點計劃。」

注意語氣中必須夾雜著適當比例的受傷和冷漠。在親密關係剛開始的時候，這招通常可以讓你的情人不停地道歉，而且發誓絕不再犯，甚至願意寫血書來證明！

不過，話又說回來，如果你是不喜歡說出口的那類人，卻被迫要明講出來，你很可能會開始懷疑你的準情人可能是個瑕疵品。但先別放棄塑造對方的念頭，很多人都具有相當高的可塑性，只要給他們足夠的時間和耐心，他們絕對可以轉變成你需要的理想情人。（但是，要知道這個過程需要的時間，有時候要以百年為計算單位。）

如果你是一個有話直說的人，那麼表達需求的最佳方式，就是使用命令句。如果能讓它聽起來像是理所當然的親密關係公約，而不是你小時候沒有得到滿足的需要，那就更棒了。

除了命令之外，還**有一種廣受喜好的明說方式，就是自古以來屢試不爽的名句：「如果你真的愛我，你就會（填上你的每日一需）。」**有時候撒嬌或抱怨一下，可以有強調的效果。

在伴侶正為了滿足你而精神衰弱的時候，你卻有很充分的時間可以去想一下該要求些什麼。真正有經驗的「浪漫情人」不用思考就知道什麼時候該明說，什麼時候用暗示。如果你還沒有這麼專業，那就繼續努力吧！要記住這些舉動的主要目的，就是要讓對方證明他們「愛」你和你「愛」他們一樣多。

現在說正經的，很多人認為需要某人就等於愛他。因此，為「愛」所苦，這就是問題所在。和過去的我一樣，他們待在電話旁，等著「那個人」打來電話，讓他們心情變好，結果得不到他們所期盼的關懷，心情因而跌到谷底。

搖滾歌手「肉塊」（Meat Loaf）唱出了戀愛的真理：「我要你，我需要你，但我卻絕不會愛你……」期望就是通往地獄之路。因為期望會把接受和讓人自由等充滿愛意的感覺擋在門外。

如果我不能接受別人現在的樣子，或不讓他們自由地走自己的路，那麼我就不是真的愛他們。我只是想從他們身上得到滿足，與他們建立親密關係的目的並不是為了愛，而是為了滿足我小小的自私需求。

當我的婚姻中出現緊張情勢，或我不想和妻子親近時，我有很多選擇：我可以試著分析哪裡「出了錯」，我可以為她做點什麼事，我可以把自己關進蛹裡，直到事情好轉，我可以和她吵架，我可以故作輕鬆地吹著口哨，完全否認問題的存在。或者，我也可以捫心自問：「在潛意識裡，我對伴侶有什麼要求？」**讓人驚訝的是，不開心的原因，往往是沉睡多年的需求**。

在以下的例子中，我和妻子親近的程度，足以喚醒我心中沉睡的需求，原因稍後說明。甦醒了的需求朝目標伸出貪婪的魔掌——我希望她證明她愛我，我需要她安撫我的不安全感與無力感。

這些渴望在我認識妻子之前就已存在，且由來已久。所以，我早已像慢性病患者一樣，調整自己的生活方式，好讓自己不會感覺到它們的存在。然後我結婚了，這彷彿發出了一個信號，讓沉睡多年的需求全員出動，對我的妻子展開攻勢。

不過有一部分的我，對自己的貪求很反感，所以沒有讓這些需求完全暴露出來。我曾是（其實現在還是）使用暗示的權威，我喜歡用微妙的肢體語言、語調和含蓄的暗示來表達我的需要。不幸的是，我的妻子並不會讀心術，事實上，她也不可能滿足我情緒上的無度需索。她沒有滿足我，讓我很失望。

其實，滿足我並不是她的責任，但那時我們都不知道！直到我審視自己的內心後才明白，如果我感到失望、憤恨，一定是因為我對妻子有所期望，而在她做到之前，我無法快樂起來。

在這樣的親密關係互動中，最悲哀的是，在「小小的我」得到滿足之前，我們不願意去愛我們的伴侶。緊抱著需求不肯放手，又不讓自己去愛，就這樣，我們把自己推向親密關係的地獄。

不論是用暗示，還是明說的方式提出要求，**我們都必須明白一件事：我們真正需要的，沒有人能給，也沒有人能讓我們快樂（這表示也沒有人能讓我們不快樂）**。

在以上的例子中，我也許會認為，只要我妻子對我伸出手、擁抱我，或是向我保證她愛我，我就會覺得被愛且得到安撫，不會再感到無助。然而，經驗卻告訴我，事實上，是我的期望讓我不能得到安撫。

如我之前所說，期望的目的是讓需求得到滿足，但在這同時，必然會發生兩件事：

第一，我們感到內心缺乏愛（如果我們需要某樣東西，一定是因為我們自己沒有）；

第二，如果沒有某個人（例如父母）來滿足我們的需求，我們就會覺得這個世界沒有足夠的愛。**希望從妻子身上得到愛，只會讓我從前的想法變得更牢不可破：沒有人愛我，世界沒有愛，世界上的人也都沒有愛。**

因此，重新感受多年前的挫折、失望，便成了我難以逃避的宿命。

我們要求別人來愛我們，那就是否認我們自己心中有足夠的愛。覺得不被愛，必定會讓我們產生一些缺乏愛的信念，如我們不值得被愛，或我們並不可愛……於是，**即使伴侶向我們保證我們是可愛的，我們內心卻有一個更強大的聲音說我們並不可愛**。

如此一來，不管伴侶提出多少證據來證明我們值得被愛，都是不夠的。就好像耳塞能阻斷聲音一樣，期望也會阻斷內心的愛。不管我們多努力地運用暗示或明說的期望，試著讓伴侶「變得更好」，都是徒勞無功的。因為我們行為背後的需求，絕不會讓我們感覺到自己內心的愛。

如果我們執著於期望和要求，那麼就像騎士尋覓聖杯一樣，我們尋覓真愛的任務註定要失敗。

騎士找不到聖杯，因為它的所在，正是騎士們認為最不可能的地方，那就是他們的心中。

當你瞭解了期望和要求對你的生活所造成的影響之後，你很快就會明白它們所造成的後果——使人不悅的，但十分確切的，雙方都要承受的後果，如壓力、失望和憤恨。

壓力、失望和憤恨

「期望＝憤恨的前身」——佚名

壓力分為兩方面：一方面，你希望伴侶讓你快樂，而讓對方感到壓力；另一方面，你自己也承受著壓力，因為你也必須做對方要做的「一切」。

有時候，我會想像，如果我的妻子試著滿足我所有的需求，會發生什麼事？她可能得隨時察言觀色，想辦法在適當的時機滿足我，還得注意品質的好壞以及時間的長短。我想這樣過一星期之後，她可能就屬於精神崩潰的高危險群了。

兩個人都對彼此做過度的情緒索求，會在脆弱的親密關係互動上，施加極大的壓力。

如果對別人取悅我們的能力抱以太大的期望，那麼失望將會是必然的結果。當把夢想寄託在別人身上時，我們會因為夢想即將成真而感到興奮。但當現實的因素出現時，我們原本飛上雲霄的心情，就一下子跌至谷底。

有時候，這樣的失望會讓我們認為對方是故意在欺騙我們——因為他們耍詐，讓我們相信他們可以給我們所要的一切。

我有一位案主是這麼說的：「我以為我娶的是美人魚，可是有一天早上我醒來，卻發現身旁的是來自黑洞的恐怖生物！」

也有些時候，我們並不覺得被騙；對方的確擁有我們所需的事物，只不過他們太自私了，不肯給我們。這種想法會帶給我們無盡的挫折：畢生的夢想就近在眼前了，而某人卻膽敢不讓我們圓夢！

不管是被騙，還是被拒之門外，夢想得不到滿足，我們一定會感到憤憤不平。憤恨是悲苦、不滿足和失去信任感的組合。有趣的是，不管小孩或大人，需求不被滿足時的反應，都是一樣的。他們會覺得悲苦，受到不平等對待，並決定再也不相信那個應該愛他們、照顧他們的人。

多年前，我看過的一個公式，後來在我的工作和生活中都反覆地得到驗證，那就是：「**期望＝憤恨的前身**」。換句話說，期望終究會轉變成憤恨。

在一起一段時間之後，你就會覺得她走進房間時，不再令人感到仙樂飄飄、心曠神怡；或你不再覺得他的微笑像煙火一般燦爛。很快地，你心目中的公主或英雄的形象，就只剩下丟得到處都是的髒衣服，而要把它們撿起來丟進該死的洗衣機的人卻是你！

這也就是月暈現象退去的時刻，你即將進入親密關係的第二階段，也就是我稱為「幻滅」的階段。

好消息是，有一種較好的處理方法。在你對親密關係有不滿意時，先問問自己：「此時此刻，我希望從伴侶身上得到的是什麼？」答案應該很清楚——你所需要的，往往是情緒上的事物，但從表面上看來，可能像是實質的需求，例如希望伴侶撫摸你、記得你的生日、約會時不要遲到或是陪你逛街等。

我和女友約七點見面，她卻八點半才來，我當然會不高興，但真正的原因，不是她遲到，而是她讓我覺得自己不夠特別。專注在守時這個問題上，只不過是給我一個對她發脾氣的藉口，而我真正的需求仍然沒有得到滿足。

當我自問：「我真正想要她給我的是什麼？」我才發現，我希望她讓我覺得自己很重要，重要到她應該願意為了我而守時，甚至早到！（很巧，當我瞭解到我不需要她以守時來證明我的重要性時，她也開始不再遲到了。）

瞭解自己的期望及其背後的需求，是一種後天學來的技巧。通常我們只會意識到自己希望伴侶做些什麼或改變什麼，卻不會察覺自己深埋在潛意識裡的需求。我們希望伴侶做或說一些事，但不會意識到我們希望他們這麼做，其實是為了滿足自己某些情緒上的需求。

我們並不是真的要伴侶記得我們的生日，**我們要的是他們證明我們的價值。我們希望確認我們值得被愛。**

既然我們一輩子都在掩飾這些需求，不讓別人，甚至也不讓自己知道，那麼現在想要揭開它們的廬山真面目，自然也就不是那麼容易了。

這時候，我們就需要使用到人類的三大利器：「想像力」、「意向」和「直覺」。

「想像力」能讓我們突破界限，看到更多的可能性；

「意向」是向某個方向前進的意願；

至於「直覺」，則必須比較小心地定義，因為這個詞往往會讓人聯想到某種超能力。我們內在有一種力量，我稱之為「靈魂」，它會引領我們得到平靜。我們受的傷，靈魂會為我們治好。當我們被錯覺所迷惑，看不到真相時，靈魂會讓我們擺脫錯覺的影響。靈魂思考的方式，才是我所謂的直覺。

如果你不清楚自己想從伴侶身上得到什麼，還是可以**問問自己：「此時此刻，我想要伴侶給我什麼？」**如果你有誠心求知的意向，那麼你的直覺為了讓你不再受需求的束縛，會刺激你運用想像力去找出答案。

假設答案是：「我需要關注。」即使你覺得這個答案不合理，但只要它是人類確有的需求，不妨相信它就是正確答案。如果答案是希望伴侶開始做或不再做某些事之類的，那就請你先理清自己的意向，然後再問一遍同樣的問題。希望伴侶改變或做些什麼是一種期望，而不是你自身的需求。

在你找出自己真正的情緒需求之後，再問自己一個問題：「我願不願意放棄這項期望

呢？」換句話說，我願不願意不再把滿足這項需求當作伴侶的職責？我願不願意尋求自己內在的力量，來滿足我的所有需求呢？我願不願意讓這種內在的力量成為我快樂的源泉，而不再把伴侶當成予取予求的對象？

如果你的答案是肯定的，那麼你的直覺會告訴你該如何放手。你該做的已經做了，剩下的就交給你的靈魂去處理。

怎樣才能知道你是不是真的放手了呢？看看你的伴侶就會明白。如果你感到愛在你們之間交流，你就知道你已做到了。如果你沒有感到輕鬆，那麼你可能還沒有完全放手；或者，如果你真的已經放手了，卻發現在第一個期望的背後，還有另一項更強的期望等著浮現，那麼，不論你的情形是前者，還是後者，都請再重複一次上述的練習。

一切都取決於你的意向。如果你願意放手，就有機會發現，你所需要的一切，其實都存在於你的心裡，不假外求。

如果你不願意放手，那就請做好心理準備來面對更糟的情形。因為不被滿足的期望，遲早會變成憤恨，讓你和伴侶漸行漸遠。在你能察覺之前，早已置身於通往地獄的路上了。

如果你有精神上的信仰，那麼在你不再用期望來束縛伴侶之後，你可以想像自己已把需求交付給內心的那種較高層次的力量，這會很有幫助。不妨想像在你頭上六英尺高處，有一道「靈魂之光」，而你就把需求都交給這道光。

我們要切記，意向、想像力和直覺是我們人類最有用的三樣利器。如果你有真誠的意向，希望自己的需求不再成為伴侶的重擔，你的直覺就會讓想像力得到目的及方向。想像力會帶來可能性，而可能性決定我們能看到些什麼。換句話說，能夠想像的事就可能實現！

那麼，如果你決定放手，該怎麼讓需求得到滿足呢？我知道這聽起來會很奇怪，但事實是，我們並不需要自己認為需要的東西。需求是在我們忘記自己的心早已擁有一切時，才會有的錯誤想法。

耶穌說，天堂在人心中。佛祖說，世上萬物都在我們心中。所有偉大的導師及有先知灼見的人都曾說過類似的話。但如果我們不實際嘗試，這個理論永遠只是美麗的空想。**當放棄一項需求時，我們便把心中原本被需求占據的空間釋放出來**；而宇宙中是不容許有空洞存在的，所以我們心中的空間將會被愛所填滿。

在親密關係月暈現象的中心，存在著真愛之光。這種力量，才是人與人互相吸引的真正原因。

每一段剛開始的親密關係，都蘊藏著無限的可能性：一開始的心動可能轉為真正的熱情；一開始的歡樂可能成為真正的喜悅；而伴侶間的笑聲，提供了調劑生活的幽默。在這一切的背後，蘊藏著純真的靈魂關係。

或許第一階段的月暈現像是美麗而令人心動的，但由靈魂所引導的親密關係，遠比那光彩還要更美、更動人。這才是我們心中真正嚮往的。

親密關係通關指南

1 最初你被某人吸引，通常是由於情緒上的需求。

2 這些需求大都源自孩提時代未被滿足的需要。幼兒的兩大主要需求是「歸屬感」和「確認自己的重要性」。

3 幼時的需求便是構築夢中情人藍圖的骨架。你相信這個夢中情人會滿足你所有的需求，尤其是「想當特別的人」的需求。隨著年齡增長，夢中情人的藍圖變得愈來愈複雜，你的期望也愈來愈高。

4 你會以夢中情人所擁有的特質作為尋覓伴侶的準則。在潛意識中，你把準情人和夢中情人相比，選出和夢中情人最相似的，作為你追求的目標。

5 接著你便藉由「明說」或「暗示」的期望與要求，著手將選中的人改造成你的理想情人。你相信只要伴侶能變得和你的夢中情人一樣，你就能得到渴望許久的愛。你不斷地向情人提出要求，心想如果他／她「真的愛我」，就一定會順從。

6 你終究會發現，需求並不能完全得到滿足，因而感到失望，甚至憤恨。如果你感到憤恨，這就代表月暈現象的第一階段已經結束了，你進入了親密關係的第二階段——幻滅。

7 想要安全度過「月暈現象」階段，你就要學習「放手」和「接受」。如果你能不把自己的需求強加在伴侶身上，你就能在自己內心找到你真正需要的事物。擺脫了需求的束縛，你就能感受到純粹的愛。然後，你能和情人分享的事情就更多了。

另外，**學著接納你的伴侶（但並不是濫用忍耐力），也能讓你學習到接納本來的自我，而不再認為你需要些什麼來讓自己變得完整。**

學會放手和接納之後，你一定會明白，你原本就是一個完整的個體，所需要的一切，都存在於你心中。

第三章　幻滅

「我是與一個幻覺結婚，藥效退了之後，我覺得他糟透了。」——一位案主

隨著憤恨的到來，你就進入了親密關係的第二階段——幻滅。

小時候，我很喜歡看西部電影和電視節目。我會幻想自己是個牛仔，頭戴白帽，幫助小鎮居民趕走壞人。這類節目中，我最喜歡的就是西部小鎮風光：旅店、沙龍、雜貨店，還有讓我——不，我是說讓英雄存放馬匹的馬廄。我喜歡建築物上粉刷得乾淨均勻的油漆，還有居民們美麗的衣服，當然啦，永遠髒兮兮的醉漢是不包括在內的。我也喜歡酒吧裡打架的場面，英雄就算臉被揍了三十幾拳，帽子還是好好地戴在頭上不會掉下來，當然臉上更不會有任何傷痕。

但在看到真正的西部小鎮和居民的照片之後，我的夢想完全破滅。白色的帽子到了那種地方，絕不可能還是白色。早期的西部小鎮大都髒兮兮的，房子都是草草搭建的木屋或帳篷。油漆就更別想了，牆上如果用白油漆隨便刷了兩下，就算不錯了。那小鎮的居民呢？服裝華麗這個形容詞，大概不太可能用在他們身上。他們看起來都像是我不喜歡的西部片中的醉漢。到現在我還記得夢想被殘酷的現實扯碎的感覺。有好長一段時間，我相當不開心。

「幻滅」這個詞，往往給人負面的印象，讓人聯想到憤怒、絕望，甚至背叛等感覺。事實上，這個詞的意思是——不再被錯覺所迷惑。這其實是件好事。人類是尊重並渴求真相的。如果無法趕走錯覺，就看不到真相，那我們就像是被禁錮的囚徒，永遠得不到真正的平靜與滿足。

親密關係能夠驅散我們對愛的錯覺。這個過程的開始，是在我們感到失望，並覺得自己似乎錯了的時候。或許，我們身旁的這個人並不是我們快樂的源泉。一開始，我們也許會覺得選錯了伴侶而再度開始尋覓。但是，只要有期望，就有失望。最後，就連無可救藥的浪漫主義者，也會明白**我們快樂的源泉並不在別人身上**。我個人相信，幻滅是靈魂給我的禮物，讓我能從「向外尋求快樂」的錯誤思想中跳脫出來。

然而，幻滅的過程可能需時甚久，就像從一磚一瓦開始拆除一座大教堂一樣。

在我們的需求沒有得到滿足，對伴侶的改造計劃又全都不起作用的時候，幻滅就到來了。這時，我們就會做出一些「偏差行為」。

偏差行為

「是惡魔逼我這麼做的！」——佚名

簡・尼爾森博士在她的著作《溫和且堅定的正向教養》（*Positive Discipline*）中說，當小孩的歸屬感和確認自己重要性的需求沒有得到滿足時，他／她就會覺得沮喪。每個孩子感到沮喪的程度不同，但都會導致他們做出某種偏差行為。

尼爾森說行為不端的孩子並不是壞孩子，只不過是沮喪的孩子。

她指出了四種主要的偏差行為：

①引起注意（看看我！看看我！）

②權力鬥爭（我不想做，你不能逼我！）

③報復心理（你傷害了我多少，我也要傷害你多少。）

④自我放逐（努力有什麼用呢？反正我一點也不重要。）

括號中的字是我加上去的。前兩種行為的目的是滿足孩子的兩大需求，而後兩種則是孩子在覺得需求永遠不會被滿足時，被深刻的沮喪、痛苦驅使而做出的毀滅性行為（通常是自毀）。

既然成人的親密關係往往能讓舊傷復發，你將會發現，你以為自己已不再做的這些小時候的（或說是幼稚的）行為，其實依然跟著你，只不過是換上了較複雜的形式罷了。當你因為欲求不滿而憤恨時，你會重新感受小時候的你在同樣情況下所感受到的沮喪。這也會讓你做出和小時候相同的偏差行為。

偏差行為的目的往往是要控制伴侶，並藉此避免夢想幻滅。如果對方不願意主動滿足我們，那我們可以耍點小伎倆來誘使他們這麼做。如果前兩項行為不奏效，你至少還可以用報復的手段來扳回一城。如果這樣仍然不行，你還有最後一招，就是乾脆放棄，把自己縮進冷漠、憂鬱的殼裡。你可能仍會不滿，但至少不必感受真正的痛苦。

如果你從偏差行為的角度來觀察一對如何企圖控制對方的夫妻，你就會發現歌手羅伊・哈珀（Roy Harper）說的一點也沒錯：「大人其實也只是幼稚的小孩。」但只要我們仍被錯覺所迷惑，我們就會用大人的邏輯和理論來為自己的行為自圓其說——當然是在我們有勇氣去檢視自身行為的前提之下！

為了吸引伴侶的注意，我們會繼續這樣的偏差行為。我們可能會裝作可愛、親切、有能力、堅強、有趣、聰慧、有耐心、勇敢、害怕、脆弱（當然是那種很可愛又性感的脆弱）、心不在焉、有深度、酷、辣等。吸引伴侶注意力的方法太多了，而且每天都還會想出新花樣。

然而，沒有一種吸引注意力的法子能夠一直不被識破。你的**伴侶早晚會厭煩，而且會感覺到這種行為背後的期望所帶來的壓力**。畢竟，如果對方每天都看到同樣的舉動，很快他們就習以為常而不再注意了。

當你發現自己不再被注意或讚賞，你會變得更加沮喪。很快你就會開始做出第二種偏差行為——權力鬥爭。

權力鬥爭

「當人們開始爭吵時，地獄便敞開歡迎之門。」——佚名

我用「權力鬥爭」這個詞來形容雙方都很努力地讓自己看起來有力量，以突顯自己的重要性的做法。但當親密關係繼續發展下去，權力鬥爭就不僅僅是這樣了。隨著沮喪感愈來愈重，權力鬥爭慢慢演變成雙方爭奪「親密關係主控權」的戰鬥，雙方都努力地想要改變對方的想法、話語和行為。

伴侶的一些小怪癖，你以前覺得很可愛，現在卻顯得很惱人，而且常常成為爭吵的主因。

他奇大無比的笑聲曾經是那麼新奇、有趣，現在卻讓你脊柱發麻。她說的故事曾經是那麼扣人心弦，現在卻讓你無聊得想要尖叫。也就是說，在某種程度上，你們已經開始讓彼

此心煩。

這個時候，你似乎只有以下幾種選擇：

一、用蠻力或恐嚇強迫伴侶改變生活習慣、說話方式、穿衣風格、頭髮長度等；

二、學習聖人般的忍耐力；

三、甩掉現任情人，另覓新歡。

大多數人，不管原因為何，都選擇一，於是權力鬥爭就此展開。我們常常以為，權力鬥爭的方式不外乎大吵大鬧、互砸東西或拳腳相向。但事實上，**權力鬥爭可以有許多不同的面貌，包括冷戰、避不見面、冷嘲熱諷或單單是互給白眼。**

一對我認識的夫妻如果在吵架，我一進他們家門，馬上就會知道，因為整個房子靜得像座教堂，而且帶著恐怖片高潮的那種張力。但是，我這兩位朋友卻對彼此極為有禮，不讓藏在這種假象之下的核子大戰爆發出來。而我認識的另一對夫妻，在吵架時卻會大吼大叫，直至聲嘶力竭，即使兩人的臉相距只有幾吋，也絲毫不減音量。

在這兩個極端之間，權力鬥爭還有無數種形式，而不管哪一種形式，對親密關係的危害都是一樣的，但也都蘊含著讓人發現真愛的可能性。

愛情一開始的魔力一旦消失了，也就是你必須面對幻滅的時刻。吵架只是為了不去面對幻想背後的事實。但如果厭煩了假裝一切都在控制之下，你不妨偷看一下幻想簾幕背後的東西。

躲在幕後的是什麼呢？除了起初的沮喪感之外，你也會看到另一段旅程的開始。

胡蘿蔔、西瓜與痛苦

「曾有一個治療師這麼說：雖然痛苦不是真的，但當我想像自己坐到一根針，而它刺穿我的皮膚時，我並不喜歡自己幻想出來的感覺。」——佚名

一旦展開權力鬥爭，伴侶之間的改變往往令人驚訝。

親密關係剛開始的時候，兩人春風滿面、笑容可掬，當他們凝視對方的時候，眼神總是充滿愛意。一旦夢想開始幻滅，微笑就變成了皺眉，眼中的愛意也轉變為怒火甚至恨意。到底發生了什麼事呢？為什麼我們把伴侶當作大敵般看待？讓我來解釋這種不愉快轉變的原因。

許多我認識的人，包括我自己在內，都有小時候被強迫吃不喜歡的食物的負面回憶。以我來說，最討厭的食物是煮過的胡蘿蔔。

我的父母很少買新鮮蔬菜，所以我吃到的蔬菜都是罐頭的。我父母把這些原本就煮得過熟、裝了罐的蔬菜買回來後，還會把它們倒進鍋裡，再煮一次！在我家裡有一項規定，每個人都要把自己盤子裡的食物全吃完，才准下桌，而且我父母擁有令人讚嘆的決心，他們總會親自監督，確定大家都遵守這條規定。

有好幾年的時間，每個星期總有一晚，我會瞪著盤子裡噁心的橘紅色塊狀物，心想這種東西一定是用來讓小孩子嘔吐的，要不然，至少也會殺死好幾千個腦細胞或損害其他重要的器官。

我千方百計就是不願意把胡蘿蔔吃進肚子裡！我想過屏住呼吸，把胡蘿蔔塞進嘴裡，然後裝作若無其事地溜進廁所，把它吐到馬桶裡。我試過把胡蘿蔔餵給小狗吃。我也試過趁我父母走開或不注意的時候，把胡蘿蔔偷偷倒在我腿上事先預備好的紙巾裡。我甚至還試過把盤裡的胡蘿蔔分散開來，裝作我已吃完，只剩一些殘渣。

但是我這些計謀，幾乎從來沒有成功過。我通常都在進行到一半的時候，被逮個正著，然後就只好別無選擇地把胡蘿蔔吃掉。原本就溼溼軟軟又難吃的胡蘿蔔，被我這麼一弄，更是變得又冷又糊，實在難以下嚥。

有一天，事情有了小小的改變。那天晚上，一如往常，在拖拖拉拉一個多小時之後，我終於很勉強地把最後一塊過熟的胡蘿蔔吞進了肚子裡。吃完後，我鬆了一口氣，心想還好胡蘿蔔沒有再出現在我的盤子裡。

然後，我母親拿了很大一塊巧克力蛋糕擺在我面前。那塊蛋糕的味道很濃，上面覆有一層巧克力糖衣，而且大約有一磅重。這樣的甜點在我家簡直像黃金一樣稀有。

這時，我母親說了一句小孩子最愛聽的話：「如果不夠，還有很多。」第一塊我不用兩分鐘就吃完了，第二塊也是如此。

我父母都看傻了，父親笑了笑，問我說：「你吃胡蘿蔔為什麼不能這麼快呢？」我當然可以回答，但我沒有笨到把答案說出口，我說：「老爸，我可沒有看過你把不愛吃的食物放進自己的盤子裡！」

我現在可以告訴你之前那個問題的答案了：儘管不愉快的經驗是不可避免的，人類仍會掙扎著去閃躲或拖延。就像我，寧願在硬邦邦的椅子上坐好幾個小時，幻想著盤子裡的胡蘿蔔會奇蹟般地消失，也不願面對可怕的現實，把那噁心的橘色玩意兒放進嘴裡。

在親密關係中，我們也採用相同的原則。**和伴侶展開權力鬥爭，就是為了避免或拖延自己心中浮現的不愉快**。這種痛苦的根源究竟為何？想要知道答案，我們必須再回到「幼時需求」這個問題上。在前文中，我曾提到，孩童的兩大需求是歸屬感和確認自己的重要性。若是這兩大需求不能得到滿足，我們會很痛苦，甚至嚴重到心碎的程度。

為了把自己從傷痛中拯救出來，我們必須遠離造成痛苦的人或事。「媽媽不重視我，我好傷心。我要把痛苦趕走，讓它消失！」在遠離痛苦的同時，我們也遠離了造成痛苦的根源。在前面的例子中，痛苦的根源是母親。事情後來就變成了這樣：我們既沮喪，又遠離生命中最重要的人，絕望地試著把心碎趕走。

但是痛苦並不會消失。**如果我們不好好處理，痛苦永遠也不會消失**。在較早的幾段親密關係中，我最不能瞭解的是：伴侶只讓我發覺到痛苦的存在。其實痛苦存在我心中已經很久了，只不過我不願去感受。

讓我驚訝的是，我一直在否認痛苦的存在，卻一點都沒有察覺到自己在這麼做。要在舊痛一浮現時就立即發現，需要敏銳的洞察力。若要以負責任的態度來面對，不把自己心愛的人推開，則需要更超凡的能力。有一點很重要，必須注意：在分享過一段特別親密的時光之後，情侶們往往最容易吵架。

當兩人覺得特別親近，一切都特別美好，幽默感和溫柔也比平時要多的時候，好像這些親密時刻經歷到的愛，讓我們有力量去不自覺地喚醒過去的傷痛，好讓它們現在得到當時無法得到的愛的關注。但是，想要療傷的企圖卻往往導致激烈爭執或變成親密關係危機的導因。在明白這個道理之前，我曾認為自己和女友爭吵的原因，分為以下四種：

解釋一：我們的爭吵是你起的頭。並不是我想吵架，是你侵犯了我的領域，我只是保護自己罷了。

解釋二：我們這次吵架，看起來好像是我起頭的，但我只不過是指出你做得不好的地方，又順帶提到你還有別的行為，也需要改進——比如你來月經時的舉止。你就是不能接受有建設性的忠告，還把它當作批評。跟你比起來，我的態度已經夠好了。

解釋三：我們會吵架，是因為你明明是錯的，卻又打死也不承認我才是對的。那我只好發脾氣了，不然你不會明白自己是錯的。

解釋四：我們會吵架，不是因為我受到傷害。我只是有點不高興而已。換作別人，你這樣跟他們說話，他們也會生氣的！你說這是建設性的忠告，但我聽起來卻覺得像是刻薄的批評。

有很長一段時間，我一直不瞭解，和伴侶吵架只是為了不去感受舊痛。我的伴侶所做的，僅僅是讓這些舊痛浮上我的意識表層而已。我當時也不知道，我所說和所做的，也可能在朋友和伴侶身上造成同樣的效應。

要記得，**我們寧願爭吵，也不願面對傷口，是因為生氣比承受心碎要簡單得多**。不要忘了傷痛的背後隨之而來的就是沮喪。於是，當你打算正視爭執背後的問題時，會有一個勸阻的聲音響起，告訴你將要面對的傷痛是你承受不了的。這讓我想起另一個故事。

我以前有一個房東，他告訴我，他長大的地方，就在我即將搬去的那一區。他說，在他小時候，那裡是農田，他爸爸就在田裡種西瓜。他張開手臂，很誇張地對我描述，那些西瓜大概有四英尺長。過了一會兒，我才想到，對一個七歲的孩子來說，就算一個普通的西瓜看起來也像是龐然大物。隨著年齡增長，他記憶中的西瓜也跟著長大。

你也可以用相同的邏輯來看待兒時的創傷。當我們還小的時候，創傷可能讓我們覺得難以承受。但**現在我們長大了，或許已擁有從不同的角度來面對它的能力**。也許，現在痛苦已經不像從前那樣難以承受了。

用較成熟、理性的態度來處理權力鬥爭，不只能讓你面對過去的傷痛，也能讓你不再受其負面影響。這些負面影響，也就是「自我侷限」的信念。

信念：想法的果實

「種下想法，就得到行動；種下行動，就得到習慣；種下習慣，就得到人格；種下人格，就得到命運。」——丹・威爾斯（Dan Wells，作家）

以上這段話我聽過之後，就一直牢牢地記著。這段話的意思是，一旦有一個想法在你心中醞釀，就會產生一連串的連鎖反應，造成深遠的影響。

作家阿諾・培頓（Arnold Patent）在他的著作《擁有一切》（*Having It All*）中說，一個普通人的腦子裡每天都有大約五萬五千個想法，其中大多數是舊有的想法。許多想法從小時候起，就一直存在於我們腦子裡。你的腦袋就像一台可以永遠錄音的錄音機，不斷重複播放相同的想法。想法是信念的主要成分。如果想法是顆種子，把它種下，你得到的果實就是信念。

如果小時候你有過不愉快的經驗，比如爸爸答應帶你去露營，你很想去，但爸爸卻爽約了。也許爸爸工作太忙了，不得不放棄休假；也許爸爸生病了，或是根本忘了這回事。小孩子眼中的世界並不大，所以爸爸的理由也一點都不重要。你可能會很失望，這時候，你就會產生一些想法來詮釋你所經歷的事。

也許其中一個想法是這樣的：「爸爸不愛我！」也許從這個想法又衍生出另一個：「沒有人愛我。」如果這樣，會發生什麼事呢？如果你一再失望，這些想法就會變成一種信念，讓你相信自己真的不可愛。**如果這樣的信念在你腦袋裡一再播放，過了幾年，你可能就會認為這就是事實**。而一個深信自己並不可愛的人的命運會是如何呢？

從這個觀點，我們不難發現，**過去的創傷並不會隨時間逝去。每個自我侷限的信念，都來自過去的創傷**。我們每個人都像做出科學怪人的弗蘭肯斯坦博士一樣，創造出一些怪物般的想法，在我們的生活中造成大大小小的災難。

你對自己和這個世界的限制性信念都不是真的，讓你覺得自己很渺小或差勁的想法，也對你沒有任何幫助。然而，有許多人仍然有這樣的信念，不知道它們的來源，也不知道它們應該只是過客，不應在他們腦中長駐。

找出這些信念在我們心中駐足的所在，將會很有幫助。

過去的魅影

「過去的事雖然已被我們拋在身後，卻如同魅影一般，如影隨形，揮之不去。」——克里斯多福．孟

結婚一年半，我和妻子已深陷於權力鬥爭中。這時，我發現，在寫結婚誓詞時，我犯了大錯。

結婚時，我和妻子的結婚誓詞都是自己親自執筆，並在眾人之前宣讀。我們的誓詞滿溢著承諾、詩意與愛。當我誠心誠意地發誓將會無條件地愛著妻子，不論順利或是艱難的時刻，都會尊重並仰慕她，不讓痛苦阻撓我們的愛時，我感動得流下熱淚。

這些承諾是我真心真意想要遵守的。問題是，這些承諾雖美，卻不實際。換句話說，這些是我不可能做到的承諾。

如果我希望做到自己的承諾，那我的誓詞將會變成：「我發誓，在學習無條件愛你的過程中，我會帶給你難以想像的痛苦，導致你對我說出連紐約的計程車司機聽了都會嚇到的話，而且讓你後悔遇見了我。而當你對我做出相同的事時，我會用一個三歲小孩的成熟度來回應，而且用急性子和壞脾氣來當作我的兩大武器。我永遠也不會記得，我們只是兩個盡力想做到最好的普通人。我會把你當作我唯一的快樂源泉。最後我才終於成長並瞭解到親密關係的真正目的。」如果是這樣的誓詞，我就可以輕鬆地做到了！

在進入一段新的親密關係時，我們會把過去的舊痛、舊傷也一併帶去。小時候，我們會把沒治癒的創傷埋在心底，以免感到痛苦。為什麼呢？除了不想感到痛苦，還有一個原因——幼時的創傷有時難以承受，如果不把它除去，我們會覺得自己好像要死掉了。

我還記得小時候，有一次不小心把狗鍊弄丟了。我父親勃然大怒，打我耳光，而且把我罵得狗血淋頭，足足罵了一個多小時。

打耳光還不要緊，痕跡當天就褪去了，但心靈的創傷卻不會這麼快就痊癒。我希望父親原諒我、愛我，但他並沒有。我好難過，簡直心都碎了。然而，過了幾小時，我就在屋外跑來跑去，跟哥哥嬉笑、玩耍了。

也許你會以為是小孩子對痛苦的抵抗力較強，所以我很快就忘了那件不愉快的事，繼續過我的日子。然而，多年之後，我卻又想起了這件事情，而且重新感受到六歲時被父親打罵所造成的心靈創傷，再一次感到心碎。

身為一個治療師，我知道我從小到大處理傷痛的方法和大多數人沒有什麼不同。我們都經歷過令人心碎的痛，而如果不處理它，可能會對我們的生活造成影響。於是，**我們在心裡開闢出一個儲藏室——也就是潛意識——並把所有壓抑的痛苦都丟進去、鎖起來**，然後忘記有過這回事。

潛意識和儲藏室很像，都是用來收納我們不想要，卻又不知怎麼處理的東西的；但不同的地方是，潛意識可以無限地擴張，容納愈來愈多的不愉快，讓我們不用去面對痛苦。

你可能會問，既然潛意識可以無限地擴張，那麼繼續把痛苦回憶往裡面塞，有什麼不對呢？如果傷痛明明可以避免，又為什麼要讓自己去承受它呢？我很想同意你，但這個想法有其潛在的危險性。其中之一是，小時候為了避免傷痛，我必須收起對父親的感情，離他遠遠的，保持一個距離，而我情感的創傷一直阻撓在我們前面。

另一個危險是，如同之前談到的，**痛苦的經驗往往會讓我們產生對自己和世界的一些限制性信念**。舉例來說，狗鍊事件可能會讓我認為父親不愛我。既然我父親在我心中是一個極有權力的人物，我可能會因此推論，所有男性權威人物都不會愛我。然後，我可能會一輩子都害怕老師、警察、醫師、上司等人。恐懼讓人無法自由地發揮自我。

再往下想，如果我一輩子都害怕這些人，那我對自己會有什麼樣的看法呢？我可能會認為自己是個弱者、失敗者。而我們對自己的看法，往往會決定我們選擇什麼樣的工作、交什麼樣的朋友、住在什麼樣的地方，以及許多其他的事——甚至可能包括我們開什麼樣的車。

你可能會覺得很難相信，被父親打罵的單一事件，竟然會讓我產生這種軟弱的信念，造成這麼低落的自我價值感。

事實上，我也同意，如同之前所說，單一的痛苦事件只是種子，但之後類似的經驗，便會讓自我侷限的信念茁壯成長。這個例子只是用來說明，過去的創傷如果沒有癒合，我們就會對自己產生負面的想法；但如果我們用健康的方式把傷痛處理好，我們的信念也會隨之改變。

我們都依據對自己的想法而活。如果你真心相信自己是個成功的人，那麼你的失敗也會幫助你邁向成功之路；如果你相信自己是個失敗者，那麼再大的成功在你眼中看來，也像是失敗。

所有源自未癒傷口的信念都是自我侷限的。既然我們自己的信念與過去的創傷關係密不可分，而過去的事早已記不清，更不可能改變，那我們要如何才能掙脫束縛呢？這也就是為什麼親密關係是無價之寶了。

親密關係讓我們有機會重新面對並治好舊傷，進而改變衍生自傷痛的錯誤想法。

回家

「如果離開家的時候，你並不感到平靜。那麼，你其實並沒有離開。」——克里斯多福・孟

我的一位同事亨利，曾對我敘述有一次他回家鄉的經歷。他的一位老朋友榮恩（化名）和妻子貝蒂（化名）邀請他吃晚餐。這對夫妻的感情並不太好，正深陷在權力鬥爭之中。晚餐時，貝蒂不斷對亨利抱怨她丈夫多麼沒用。她一會兒向我的同事抱怨，一會兒又轉過頭去對她丈夫大吼大叫，然後又繼續向亨利抱怨。

她所說的大致是這樣：「亨利，這傢伙真沒用！他做一樣工作才幾個月又不做了。他實在太沒用了，什麼工作都做不長久。看在老天的分上，你能不能做點什麼啊，榮恩？你為什麼不回學校多讀點書？亨利，你來跟他說。他沒大腦的！他根本照顧不了自己的家人，真沒用！他應該去讓車撞死，至少我們還可以領保險金。你就剩下這點用處了，榮恩！你

為什麼不……」

我的同事聽著這樣的口頭轟炸，目光則不時轉向他的老友，而榮恩則從頭到尾都盯著自己的食物，很少開口，只偶爾聳聳肩說：「你到底想要我怎樣？」然後又繼續靜靜地吃他的飯。

讓亨利十分震驚的是，這情景似曾相識。

亨利從小時候直到十幾歲，都常和榮恩及他母親共進晚餐，而榮恩的母親總會向他抱怨她兒子多沒用。這就好像貝蒂是為了扮演榮恩母親的角色而去受過訓練的演員一樣。這兩個榮恩生命中最重要的女人，就是有這麼像。（亨利曾對我說過貝蒂是個很好、很會照顧人、有愛心的女人。只不過在這個階段，他們也像其他深陷於權力鬥爭中的夫妻一樣，從對方身上引出最糟糕的特質。）

亨利告訴我，他的老友有個悲慘的童年，因此長大後他也自視不高。榮恩所有的朋友都知道他母親對他很不好。那麼，他為什麼會娶一個像他母親一樣整天辱罵他的女人呢？而貝蒂又為什麼會嫁給一個令她如此不滿意的丈夫？

我十分確定，當他們初遇的時候，貝蒂不是這樣想的：「哇！這傢伙真是個不折不扣的失敗者，我希望他向我求婚！」而榮恩也不可能這樣想：「好一個喋喋不休的女人，幸好沒有人先我一步找到她！」

只有在彼此熟悉之後，他們才發現對方不怎麼吸引人的一面。一個旁觀者可能會覺得晚餐那一幕十分不堪，但事實上，那就是**榮恩的第二次機會**。

小時候，他不知道該如何回應母親的不滿，所以只能任她批評而產生自卑的想法。現在和貝蒂在一起，他得到了找出較好應對方式的機會——能夠治好自己和妻子的舊傷的機會。

所有親密關係都蘊含著這樣的機會，要看當事人能不能好好把握。

誰說過去的事就不能挽回呢？

被善意之火誤傷

「每個人都會傷害他所愛的事物……」——奧斯卡．王爾德（Oscar Wilde，英國作家、詩人、劇作家）

在一段親密關係中，伴侶之間愈親密，分享就愈多，我們就愈可能發現平時不易察覺的舊傷。

舉個例子來說：一個女銀行員生我的氣，罵我是混蛋，和我妻子生我的氣，罵我是混蛋，哪一個較傷人？我和女銀行員一點關係都沒有，但我對妻子的感情，幾乎和我小時候對母親的感情一樣強烈。所以，妻子罵我混蛋，會比較容易喚醒我潛意識中的記憶，讓我想起小時候母親對我失去耐性，而說了傷我心的話。

藉由和妻子間的親密關係，我可以察覺，並選擇原諒母親曾經造成的傷痛。但我必須記得一件事，那就是，**當我想和妻子吵架時，原因往往不是出在她身上，而是來自過去未解決的傷痛**。

所以，如果我和妻子吵架，只會把事情弄得更糟。不直接面對舊傷，只會讓自己過得更慘，而由於我堅持我的痛苦是妻子的錯，也讓她很不好過。我們不正視問題，卻情願為了一些雞毛蒜皮的小事吵架，例如我認為沙發應該擺六十度角，她卻頑固地堅持四十五度角。

當被捲進權力鬥爭的漩渦時，你一定要切記：我生氣的原因，不是我自己想的那回事。

為了闡釋這個論點，讓我們來看看權力鬥爭中有哪些爭吵的主題。

這其中有些例子是我在工作上、朋友之間，或我自己的婚姻中觀察到的：

・夫妻為了孩子將來該上哪一所高中而吵架。（這對夫妻的小孩都還沒上小學呢。）
・一對情侶為了下任美國總統會是誰而爭論。（他們都不投票，而且兩人中只有一位是美國人。）
・夫妻為了擺放沙發的角度而吵得不可開交。
・為了他們看到的一隻鳥究竟是渡鴉，還是烏鴉，一對夫妻幾乎鬧到離婚。（至今這個「重要的」問題還是沒有得到結論。）
・兩位相識超過二十年的老朋友，為了一百美元的欠債而鬧到不和對方說話。
・我不太確定這對夫妻爭吵的主題，但一方不論說什麼話，另一方都唱反調。（例如：

「雪是白的。」「才不是！你沒聽說過黃色的雪嗎？」）

在我看來，讓權力鬥爭更痛苦的原因是，爭執的兩方往往是真的關心對方。只不過痛苦實在太強烈了，讓我們感受不到內心裡渴望與對方分享的愛。

只要找出解決痛苦的方法，我們就會發現自己其實是多麼好的人，而**讓過去的創傷決定我們怎麼看自己，又是一個多大的錯誤**。

因果關係

「每個選擇都有其後果。不幸的是，有時你早已忘了自己的選擇，後果才浮現。」——佚名

親密關係能治癒我們的舊傷，使其不再影響我們的智慧、創造力、人格、金錢、人生方向、自我表達和熱情。但在過程中，**我們必須先體驗對我們造成影響的舊傷**。這時候問題就來了！我們本來應該用負責的態度來處理傷痛，卻往往怪罪伴侶傷害我們。然後我們會嘗試控制他們的行為，確保他們不會再犯。讓我們來看一個實例。

約翰和瑪莉同居已經超過一年了，他們兩人住在一間舒適的單房公寓裡。本來一切都很好，但最近約翰愈來愈無法忍受瑪莉總是把浴室弄得一團糟。一開始，他用一種輕鬆、幽默的語氣來提醒她。雖然他們在其他事上大都能互相體貼，但瑪莉總是忘記在使用浴室後收拾乾淨。

有一天，事情終於爆發了。那天早上，約翰一踏進亂成一團的浴室，就立刻轉身衝進廚房，而瑪莉正在那兒準備早餐。

以下是他們的對話：

約翰：「老天啊，瑪莉，我到底要跟你說多少次，用完浴室之後，要收拾乾淨！」

瑪莉：「對不起，我本來是要收拾的，但你急著進去洗澡，所以我就忘了。」

約翰：「把牙膏蓋上，化妝品收進櫃子，要花多少時間？」

瑪莉：「我已經說對不起了嘛，約翰，我就是沒有足夠的時間啊。」

約翰：「那你可以早五分鐘起床啊。我是說，只要該死的五分鐘就——」

瑪莉：「我能起得來就不錯了，你昨晚可是把那該死的音響開到最大聲，一直吵到三點！」

約翰：「少來了，我才沒有吵到三點，而且你根本是想轉移話題！」

瑪莉：「我才沒有！」

約翰：「就是有！」

瑪莉：「約翰，你總是希望每件事都照你的方式。我也住在這裡，你知道嗎？有時候，你真自私！」

約翰：「把東西丟得到處都是的人可不是我哦。你簡直把浴室變成了要命的障礙賽跑道！」

瑪莉：「你說得太誇張了！」
約翰：「我才沒有！」
瑪莉：「就是有！」
約翰：「沒有！」
瑪莉：「有！」

現在約翰和瑪莉要怎麼解決這件事呢？旁觀者可能覺得很容易，只要兩個人稍微妥協一下就皆大歡喜了。但我發現有一個問題，妥協也有兩面：

其一，妥協並不能完全滿足任何一方，因為兩個人都覺得沒有得到真正想要的。

其二，更嚴重的是，問題真正的原因沒有得到處理。

在前面這個例子中，就算約翰把音響關小聲一點，或瑪莉把浴室收拾好，還是沒有解決問題真正的起因。事實是，約翰和瑪莉不高興的真正原因，並不是他們自己想的那樣。想要瞭解真正的原因，我們就得看看約翰和瑪莉有些什麼樣的生活經歷。

瑪莉是在嚴格的家教下長大的。她的雙親命令小孩子必須「隱形」。如果爸爸發現玩具沒有收好，就會把它丟進垃圾桶，而且沒收她所有的玩具，一個月都不准她玩。如果她不把衣服收好，就會被媽媽處罰。如果她沒有把牙膏蓋好，父親和母親都會生氣地嘮叨她。

不斷得到這樣的回應後，瑪莉開始深信，她在父母眼中不過是個麻煩，最好是眼不見為淨。很快瑪莉就相信，父母希望她死掉，或至少當隱形人。

於是，在一年親密的同居生活之後，不知不覺地，**瑪莉又再次感受到小時候被要求做隱形人的痛苦**——她覺得自己的存在，對父母來說是個負擔。現在約翰又對她傳達相同的意味，讓她憶起傷心往事。提到蓋牙膏的事，就像是揭開她的舊傷疤。

約翰批評她的某項生活習慣，也許會傷她的心，但如果她小時候不曾有過這樣慘痛的經驗，或她沒有把父母的反應詮釋為否認她的重要性，那麼約翰的批評也就不會對她造成如此大的衝擊。**她的傷痛，其實大多是舊有的**。

那約翰的童年又如何呢？他小時候經常覺得父母及兄弟姊妹都忽視他的存在。一家人吃晚餐、聊天的時候，他說的話好像都沒有人聽見。當家人討論要去哪裡度假的時候，他的意見沒有人理睬。還有兩次，他的生日都沒有人記得。

在心理治療時，他曾說有一次他盲腸破裂，哭鬧了好久，父母才發現事態嚴重，將他送醫，當時他已經快死了。在約翰的記憶中，不論是發脾氣、耍賴，甚至生重病，他再怎麼努力想引起人注意，家人卻總是嫌他煩，要不就是根本不理不睬。

現在，和瑪莉在一起，約翰再一次感覺到，他想要什麼，別人根本就不在乎。

他一再對瑪莉說他希望浴室乾淨、整齊，但瑪莉還是不收拾好，這就等於說他想要什麼並不重要。換句話說，他這個人也不重要。有他這個人和沒他這個人，也沒什麼兩樣。瑪莉的髒亂使得約翰心中的防洪壩決堤，幼時的傷痛便傾瀉而出。

當他們相遇而戀愛時，約翰和瑪莉都以為自己早就把過去拋諸腦後，但那天早上，兩人都覺得自己再一次為了表達自身的重要性而受到傷害。

他們都很痛苦，卻不肯面對真正的問題，而只是選擇一味地爭吵。這種行為模式實在太普遍了，以至於大多數人都相信它是親密關係的一部分，也就是說，事情一直都是如此，以後也不會改變。

事情的真相是，約翰和瑪莉都在試圖控制對方的行為，藉以控制過去的創傷。

就像我小時候，情願一直呆坐在硬邦邦的椅子上，也不願意吃下噁心的胡蘿蔔罐頭。**許多夫妻也是如此，情願忍受不愉快的權力鬥爭，也不願面對爭吵背後的痛苦。**

身為諮商顧問，我發現親密關係中最大的問題，便是我們面對痛苦的態度。每段親密關係都會遇到困難，而每個問題的背後，都伴隨著某種情緒的傷痛。就是這種傷痛，導致爭吵、批評或互相指責。

如果我們遇到困難，卻縱容自己任意發怒，這將會讓兩人的感情漸行漸遠。也許一段時間之後，問題會消失，而我們又再次得到平靜。但這樣的平靜，代價卻是很大的，因為我們把伴侶拒於千里之外，深怕與他們親近，會造成更多痛苦。

每次與妻子爭吵而把她推開後，一旦怒氣平息了，我總會有很糟糕的感覺。我會有罪惡感，而且感到羞恥——因為恐懼，我把生命中最重要的人拒於千里之外，我犧牲了她，來保護我自己。這有什麼用呢？痛苦仍在我心中，有機會還會再次浮現。

和心愛的人吵架，並不能解決任何事，而只會讓我們愈來愈不信任對方，也愈不信任我們的愛。我們原本應該讓愛來療傷，並拉近彼此的距離，但我們卻讓怒氣將彼此的距離拉大。

試著把自己想像成一個高腳玻璃杯，裡面裝滿了水。當你剛認識某個人時，他／她只是輕掠過水面；彼此熟悉之後，對方就開始浸入水面之下，並慢慢下沉。你們彼此愈親近，對方就潛得愈深。點頭之交通常是停留在水面附近，好朋友則往下潛深一些，但親密的伴侶則會一直下潛到你所能容許的深度。潛得愈深的人，就愈能看透你的面具和外在形象，而發現真正的你。然而，當你們都深潛入對方的領域時，可能會發現，真正的你和他／她也許並不怎麼迷人。

多年來，我一直把親密關係比喻成克林・伊斯威特的一部有名的電影：《黃昏三鏢客》（The Good, the Bad and the Ugly）。不過，我會在最後面再加上一個「神聖的」。當你與伴侶初遇時，你們所分享的大多是「好的」。到了幻滅的階段，你們便會開始發現所謂的對方「不好的」一面。在這個階段快要結束，而內省的階段即將開始時，事情多半會變得「醜陋」。

如果你能用健康的態度來面對「不好的」和「醜陋的」，那麼內省的階段將會讓你領悟到，親密關係事實上是多麼「神聖」。然而，**一開始的時候，我們對「不好的」往往會反應過度，而無法只是去「回應」它**。要去瞭解、接受或寬恕，畢竟不是那麼容易，相較起來，發怒就簡單得多。

憤怒

「憤怒是短暫的瘋狂。」——賀拉斯（Horace，古羅馬詩人）

權力鬥爭中一定包含憤怒的成分，刺激我們做出無情的行為，諸如攻擊伴侶的人格、拳腳相向，或是能讓家變成冷凍庫的冷戰等。

憤怒是世界上最普遍的情緒之一，而人們往往以十分認真的態度對待它，以致很少人能瞭解，任意發怒或刻意壓抑怒氣都是可笑又無用的行為。憤怒既不具創造性、啟發性、智慧或美感，也不能鼓舞人或使生活變好。怒氣往往讓人以排斥來取代包容，而且從來不能解決紛爭。此外，憤怒會讓人無法感受到自己內心的愛與關懷。

那麼，既然憤怒是一點用處都沒有的情緒，為什麼還會被用作權力鬥爭的武器呢？

據我看來，我們對伴侶發怒的原因有兩個：

第一，**怒氣能夠麻痺我們心中的痛**，壓過所有的情緒，甚至能夠麻痺身體的感覺。我朋友的例子可以說明憤怒是多麼有效的止痛劑：有一次他跟人打架，被人用木板打中頭，但他當時處在狂怒狀態，只顧著打人，一點感覺都沒有。

生氣的第二個好處，是能讓對方有罪惡感，這樣一來，就能有效地控制對方的行為。當有罪惡感時，人會很自然地因為可能被處罰而感到恐懼；我們都知道人在恐懼時是多麼容易被操控。

在約翰與瑪莉的「浴室戰爭」中，約翰企圖讓瑪莉為她製造的髒亂而感到罪惡，如此他便可以控制她的行為，讓她變得整潔一點。

這又是為什麼呢？因為，如果浴室不再髒亂，他覺得不受重視的那種痛，就不會再被觸動，而他希望被重視的需求也就可以得到滿足了。

潛意識裡，約翰可能是認為，如果瑪莉能為了他把浴室整理得乾乾淨淨，就表示他對她很重要。同時，瑪莉也企圖讓約翰為了音響放太大聲而感到罪惡。如果他覺得歉疚，也許會不再怪罪她把浴室弄亂的事，那麼她就不必感受到不被重視的痛了。

他們兩個人都藉由發怒來止痛，以免對方再觸及他們脆弱的一面。與此同時，他們渴望被重視的需求也能得以滿足。

我實在無法瞭解，為什麼我們會認為，只要生氣就能解決事情。更讓人不解的是，我們經常以發怒為手段，即使心裡明明知道這對尋求快樂，並沒有幫助。

在約翰與瑪莉的例子中，他們的憤怒讓他們忽略了一件很重要的事，那就是兩人所經歷的，其實是相同的痛苦：不被重視的痛苦。像我同事的朋友榮恩和貝蒂一樣，約翰和瑪莉得到了第二次機會，讓他們能重新經歷舊痛，用瞭解和悲憫的心去療傷，並改正由傷痛衍生出的許多自我侷限的錯誤信念。

從表面上看來，爭執的兩方似乎往往站在相對的立場。但事實上，所有的爭執都起源於雙方共同的痛。只要能察覺彼此有相同的問題，他們就能化爭吵為理解。不幸的是，用憤怒來保護自己，永遠比面對痛苦要容易得多。

在權力鬥爭中，**憤怒有三種表達方式：「攻擊」、「情緒抽離」與「被動攻擊」**。

「攻擊」是公開、明顯表示憤怒的方式，通常包含批評、指責、怪罪、威脅、肢體攻擊、下最後通牒或言語中傷等幾種形式。不論何種形式，都能明顯看出對方在生氣，而且要你為他們的痛苦負責。

有一次，我和女友去夏威夷度假，當時我們正深陷在激烈的權力鬥爭之中。表面上看起來沒什麼，我們只不過是從早到晚互相批評罷了。

她會說我的泳衣看起來很蠢，而我會說她整個人都很蠢。她會說我沒戶外活動的細胞（「難道你連搭個帳篷都不會嗎？」），我會說她一點都不會開車。她會批評我的睡相難看，而我則會再次批評她的開車技巧。她會批評我的社交技巧，而我會說她開車簡直遜斃了。我用高分貝的音量來彌補想像力的不足。

在一個下雨的傍晚，我們的爭吵達到最激烈的巔峰。那時我們的車正開在崎嶇的山路上。我們已經斷斷續續地吵了八小時了，而我的女友忽然成功地攻破了我的防線。我正在開車，所以沒法機智地反駁，只能猛踩油門，並轉過頭去對著她大吼。就在這時，她也開始對我大吼。然後我們就這樣，對彼此大吼著，以時速六十英里，開在雨中的曲折山路上。我們都已經沒話可罵了，卻還沒有消氣。到今天我還是不知道當時是怎麼平安開下山的。

後來我才明白，吵架時，我們說的話和事情沒有太大的關聯，我們只是用言語來傷人，同時替自己的行為找個符合邏輯的藉口而已。但是，言語攻擊本身就是不合邏輯的，而只是用暴力來保護自己。**所有攻擊都是出於自衛**。

「情緒抽離」則是較沉默的表達憤怒的方式，也是我過去的最愛。如果爭吵時只有一方在大喊大叫，不要被靜靜坐著的那一方唬到了。沉默和大呼小叫其實可以同樣暴力。

在貝蒂和榮恩的例子中，表面上看起來，榮恩似乎只是一個被妻子念叨的可憐蟲。事實上，**榮恩是用叛逆和冷淡的態度來火上加油，讓妻子更憤怒，使得她看起來更像是壞人，而他則是無辜的受害者**。

情緒抽離是我過去的最愛，因為它的用途十分廣泛。我可以抽離情緒，然後擺出委屈的表情，一副受到伴侶殘忍對待的樣子，讓對方覺得歉疚。或者，我也可以抽離情緒，然後擺出冷冷的、生氣的臉，藉以告訴對方我很生氣，但她不值得我浪費口水。我的言外之意是：「滾開，去死吧。」我還可以擺出一副冷冰冰的表情，好像完全無視她的存在，用沒有表情的臉，來暗示對方——她對我一點重要性都沒有，所以她再也不能對我造成傷害。

我還有一個絕招，那就是做出「被逼到絕境」的表情，好像自己整個人被沮喪的烏雲籠罩，來暗示對方或整個世界，他們的冷酷無情已經深深地傷害了我，所以現在我只想一個人躲到角落，去舔自己的傷口。

情緒抽離的各種形式、效果都是一致的：一言不發地讓自己遠離造成痛苦的人。

「被動攻擊」就比較像是零星的戰火，你假裝不太介意對方的行為，但你的言語間卻充斥著隱隱約約的批評、諷刺、批判、嘲弄或抱怨。

另一種表達方式是裝作極度受傷，幾乎要哭出來，但並不直接指控對方故意傷害你。裝作無辜的受害者，能讓對方覺得自己像個壞人，而由於你並沒有指控他們做錯事，你也同時剝奪了他們自衛的權利。

讓我們來看看以下這對夫妻，賈馬爾和梅薇斯的情形。結婚三年以來，這是賈馬爾第二次忘記梅薇斯的生日。當他回到家時，梅薇斯正用紙巾擦著紅紅的眼睛，並吸著鼻子。

賈馬爾：「發生什麼事了，親愛的？」

梅薇斯：「（吸著鼻子）沒什麼，我很好。」

賈馬爾：「工作不順利嗎？還是因為我今天比較晚回來？我跟你說過今天會開會到比較晚的，記得嗎？」
梅薇斯：「不是這些原因啦。（吸鼻子）我沒事，真的。」
賈馬爾：「告訴我，到底什麼事嘛，拜託……」
梅薇斯：「沒什麼啦，賈馬爾。真的，這一點都不重要。」
賈馬爾：「好吧，既然你這麼說……」
梅薇斯：「只不過今天是我生日，本來以為我們可以一起出去吃晚餐的。」
賈馬爾：「你的生日！噢，不會吧，我又忘了！」
梅薇斯：「沒錯，去年你也忘記，這是第二次了。但是我瞭解你工作很忙，又有很多事要煩，真的，我瞭解。」
賈馬爾：「真是對不起，寶貝。這樣好了，我們星期六再補慶祝，怎麼樣？」
梅薇斯：「不行，我答應了瑪莉，星期六幫她搬家的。」
賈馬爾：「那星期五呢？」
梅薇斯：「不行，我不想破壞了你和朋友的撲克之夜。算了吧，我會沒事的。（當賈馬爾起身去放外套時，梅薇斯又補了一句）只要給我幾天的時間就好了。」
賈馬爾：「（又坐了下來）親愛的，讓我補償你嘛！拜託！」
梅薇斯：「沒什麼要補償的呀，賈馬爾。你有個很重要的會議，我能瞭解的。只不過是我的生日嘛，沒什麼了不起。」

賈馬爾：「（垂頭喪氣）我覺得糟透了。」

梅薇斯微微偷笑了一下。

看完這個例子以後，你可能會自問：這有什麼大不了的嗎？賈馬爾這個混蛋忘記了梅薇斯的生日，而她只不過是用最和氣的方式讓他知道而已。

這也正是「被動攻擊」的關鍵。在表面上看來，這似乎是無害的。但若你仔細觀察梅薇斯的意圖，你就會看出，她受到了傷害，而為了保護自己免於痛苦，她選擇暗中攻擊伴侶，讓他覺得歉疚。

這樣一來，她的痛苦就變成了他的責任，她自己就不必去面對了。雖然和我們在電視或電影上看到的經典的權力鬥爭場面不太一樣，但這仍然是一種企圖逃離痛苦，讓對方覺得有罪惡感，並進而操控其行為的方式。

憤怒背後的主要意圖也就是如此：讓別人有罪惡感，讓他們為你內心的痛苦負責。於是，讓你快樂就成了他們的責任。

從長遠的眼光來看，你用何種方式表達憤怒，或別人用何種方式對你表達憤怒，根本就不重要。如果你感到憤怒，怒氣其實是在保護你不去感受痛苦。如果我們能對自己誠實，並選擇面對痛苦，我們就會瞭解這是治好舊痛的機會。而如果我們選擇攻擊伴侶或抽離自己的情緒，那麼我們也許不必去感受痛苦，但同時我們也失去了療傷的機會，自然也就無法改正這些痛苦所造成的自我侷限的信念。

最後，憤怒被廣泛運用還有一個很重要的原因：當舊痛以爭執的形式浮現時，**憤怒提供給我們一個美妙的機會，去感覺自己是「對的」**。

站在對的一方

「你情願自己是『對的』，還是『快樂的』？」——《奇蹟課程》（*A Course in Miracles*，心理學家海倫．舒曼〔Helen Schucman〕編寫）

據我所知，如果無力掌控大局，又不想感覺能力不足或沒安全感，最快的解決方法就是證明自己是對的。你只要批評、責怪、批判或證明別人是錯的，然後再理直氣壯地火上加油一下，很快地，你就會全身充滿腎上腺素，覺得自己像是剛完成變身，從電話亭出來的超人。

還記得有一次，我犯了一個大錯而被朋友無情地數落。他愈罵我，我感覺愈糟，沒多久，我就覺得自己渾身上下充滿了罪惡感和羞恥感。罪惡和羞恥，可以說是最不被社會大眾所接受的感覺，所以可想而知，我身處的情況真是糟透了。

忽然，我朋友說溜了嘴，而我生存的本能自然不會放過這個從痛苦中解脫的大好機會。他以這個句子開頭：「就好像太陽升起一樣。」並準備大肆批評我的無能、愚蠢和自私。但我生氣地打斷了他。「太陽並不會升起，蠢蛋！」我不屑地說，「是地球繞著它運轉！如果你想要聽起來像個聰明人，至少說話要合邏輯吧。你現在說的全都是瞎掰！」接下來的幾分鐘，我都朝這個方向講，高興地享受著自己是「對的」的感覺，並用充滿智慧的談話來壓過我的朋友。

很快地，我們就不再談論我的錯誤，反過來是他在為自己的人格缺陷辯護了——大部分的所謂缺陷，其實是我當時捏造出來的。

如果你想逃避痛苦，只要證明自己在某件事上是對的，隨便什麼事都可以，只要讓別人看起來像是錯的一方就行了。如果我能證明伴侶是錯的，那麼我就是對的。覺得自己站在對的一方，就能抵消痛苦的感覺，而怒氣則能讓我驕傲、神氣，壓過其他不愉快的感覺。不用擔心古老的格言說的：「如果神要毀滅你，會先讓你驕傲。」如果神要毀滅你，你只要對他們發怒，讓他們變成錯的一方就行了。如果你理直氣壯，就連神也不敢越雷池一步。

經驗告訴我，如果你不火上加油，怒火通常只能持續幾分鐘。所以，你必須不斷挑出伴侶的錯處，並且理直氣壯地將自己的行為合理化，使你對伴侶的攻擊顯得十分正當。

當然啦，如果付出這一點小小的代價，就可不必面對多年來的罪惡感、羞恥感和痛苦，這實在是太值得了。如果你願意，理直氣壯的怒氣可以讓你死到臨頭都保持無知的態度。

不過，如果你希望擁有健康、美好的親密關係，你也許會考慮對自己的憤怒負責，充分地感受它，但不把怒氣加在別人身上，這樣你才能發現生氣是為了逃避什麼。

如果你願意面對自己所逃避的感覺——不論這令你多麼不自在——**你就能發掘埋藏在更深處的、平靜而充滿愛的感覺**。

我的親身經歷告訴我，不管多大的痛苦，只要集中全部精神來面對它，我就能有效地減輕痛苦，並讓它轉變成正面的感覺。

要做到這樣，必須有決心，我把這樣的決心叫做「愛意」。

愛意

「愛會找到出路。」——諺語

現代的心理治療都有這樣的前提：在特定時間、特定狀況下，人類總是盡力做到最好。表面上看來，這似乎不太可能，但我所接觸過的客戶，在遇到困難時，內心總是渴望解決問題、帶來和平的。這種心靈的呼喚——往往是不自覺的欲望——就是我所謂的「愛意」。愛意的產生，是由於靈魂在驅策我們去學習如何真心地愛自己和對方。如果我們能明白，愛意在所有情況下都存在，那麼我們就有機會瞭解，**痛苦其實是一種轉機，能讓我們成長並擺脫目前所受的限制**。

如果不能瞭解這個事實，那麼每次痛苦一浮現，我們就會陷入困惑、掙扎，努力地想爭取控制權——戰鬥或逃跑。

當舊痛浮現並偽裝成兩人意見上的不一致時，我們潛意識的行為模式和信念，可能會讓我們對伴侶口出惡言，然後生氣地離開現場。相反地，愛意則能讓我們克制衝動，用負責任的態度來處理我們心中的不快，不致說出責怪或指責的話，而用理解、體諒的話來取代。這樣我們便成長了。

吵架吵得很激烈的時候，我們實在很難記得不快其實是來自過去的經歷。但**時時提醒自己「我們生氣的原因，不是自己想的那回事」是很重要的**，否則我們便會經常把伴侶當作敵人來看待。而我們都知道，和敵人共枕是不可能安眠的！那麼，為什麼只有在特定的時間，和特定的人互動，這些過去的問題才會浮現呢？如果這些問題和我們現在的親密關係沒有關聯，又為什麼現在才來干擾我們的生活呢？

有一個很貼切的比喻，可以回答這個問題：就像身體在遇傷病的時候會盡力自療一樣，心靈也是如此。現在的親密關係是治療舊有的情緒傷痛的最佳環境。

有很多笑話都是以親密關係的嚴酷考驗為主題的。（問：「為什麼單身的人比結了婚的人活得久？」答：「因為他們有生存的意願。」）但如果我們以開闊的心胸來看待親密關係，就會發現**親密關係其實是真正的療傷之路，而不是自虐之路**。

那麼，為什麼我們過去的舊痛經過了這麼多年，仍然縈繞不去呢？時間不是能治癒一切嗎？為什麼傷痛沒有隨時間而淡去呢？我相信會的，只不過首先我們要瞭解痛苦的真正目的，並用適當的方式來回應。

在我的經驗中，痛苦和意識成長以及自覺僅一步之遙。如果我還沒準備好跨出那一步，去面對痛苦並從中學習，那麼我就會選擇抗拒痛苦，並將其深埋在潛意識裡。但如果不跨出那一步，痛苦將會永遠存在，不會消失。

藉著權力鬥爭，我企圖讓我的痛苦成為對方的責任，因為我覺得潛意識中的痛苦超出我所能承受的範圍。小時候，我覺得痛苦對我的身心健康有很大的影響，甚至可能讓我死掉，而直到今天，我都還保持著這種印象。

人必須經過痛苦，才能成長。可想而知，小時候，我們處理痛苦的方式，通常是直覺地反應，所以我們並沒有在自我覺知方面有所成長。如果我們不把痛苦和受苦混為一談，成長可能就會容易些。

有時候，我會發現只要把全副心思放在比痛苦更高層級的偉大事物上，我就有能力超脫身體和心靈的痛苦，同時也讓自己充分感受痛苦的存在。選擇愛、真理或靈魂之光，並決意去追尋它們，就能讓生命的恩典幫助我提升，並且超脫痛苦，達到一個平靜而且超然的境地。但如果不做這樣的選擇，我就只好繼續與痛苦長期抗戰，直到感覺麻痺為止。

因此，每當痛苦浮現，我會認為我唯一的選擇就是掙脫並且受苦，要不然就是控制伴侶的行為，讓我不再痛苦。現在的親密關係給了我機會去察覺過去和現在的痛苦，面對它們並做出更高層級的選擇，讓我能夠成長並瞭解真正的自己。這個機會，我相信就是「愛意」，而愛意是存在於所有權力鬥爭之中的。

你們之間最短的距離

「必須經過漫長的旅程，兩顆心才能合而為一。」——「彼得、保羅與瑪莉」民謠三重唱（Peter, Paul and Mary）

到目前為止，我們已討論過造成衝突的痛苦，如何藉著權力鬥爭來控制、壓抑痛苦，痛苦的目的，和親密關係中幻滅階段背後隱含的愛意。接下來，我想分享一些在感情互動上的見解，相信會對大家有很大的幫助。然後，我還希望提供一些簡單、明瞭的解決衝突的方法，讓我們能勇於面對痛苦，使親密關係更上一層樓。

解決衝突時的另一項挑戰是，爭執的雙方往往會採取相反的立場。和妻子搬進新家的第一個月，我很驚訝地發現，我們無法在任何一件事上有相同的意見！我們對許多問題的意見都南轅北轍，沙發角度事件只不過是其中之一。

幸好我本身是專門教人處理親密關係的，所以我知道在各種人際關係中，雙方在大多數的問題上，意見總會多少有些不同，有時只是小小的不一致，有時卻是完全相反。但即使知道這個事實，一旦開始了權力鬥爭，兩人各執己見的固執程度，仍然讓我印象深刻。

我們必須不斷提醒自己，**我們看事情的角度，只不過是千百種角度的其中一種，而且沒有哪個角度是完全正確的**。爭執中的雙方各自的觀點，跟問題的中心都是有段距離的。

想像你和伴侶坐在一張長桌的兩頭，在桌子的正中間，擺著一頂帽子。從你的角度看去，帽子是紅色的。從你的伴侶的角度看去，帽子則是藍色的。你看不到藍色的部分，對方也看不到紅色的部分。如果要你們描述自己看到的東西，那麼你的說法就會和你的伴侶不一樣。

如果權力鬥爭中的雙方都固執己見，而相信對方是錯的，問題就出現了。（「你是色盲嗎？就連白痴都看得出來這頂帽子是紅色的。」「沒錯，只有白痴才會覺得這頂帽子是紅色的！正常人就知道它是藍色的！」）

事實上，你們雙方都是從自己的角度去看事情，並堅持自己是對的。但如果你能夠放下自己的立場，從對方的角度來看一看，那麼你就可以把兩人的意見綜合起來而得到真相——這是一頂紅、藍各半的帽子！

權力鬥爭中各執立場的問題，如果再加上以下的事實：「我們從來不是因為自己所想的原因而不快樂」，那麼事情就更複雜了，因為這樣一來，我們爭論的主題，永遠不是自己真正重視的問題。

但是要讓一對吵得面紅耳赤的夫妻瞭解這個事實，簡直是不可能的任務。

如果他們不是在痛苦中掙扎，他們就會覺得平靜且快樂，也會彼此尊重並相愛。但一旦痛苦浮現，潛意識中的警報就響了，警告他們如果不和對方保持拒離，就要受痛苦的折磨。於是他們就在一個無關緊要的問題上持相反意見，藉著吵架來逃避真正的問題。這種把對方推得遠遠的表現，往往會讓親密關係中原有的兩極化現象更趨嚴重。

如果沒有爭執，其實親密關係中的兩極可以和平共處，相輔相成。就像電池少不了正極和負極，或一枚硬幣一定得有正、反面一樣，親

正方	反方
樂觀主義者	悲觀主義者
傾向於解決問題	傾向於發現問題
否認情緒存在	放縱自己的情緒
製造者	指揮者
喜歡讚美	喜歡批評
好的總統人選	好的副總統人選
博愛	有差別的愛
見解廣泛	見解犀利
忽視錯誤	專門挑錯誤
向外擴展	向內收縮
注重大局	注意小節

密關係中也必定要有一方是「正方」，一方是「反方」。

一一六頁這張圖表列出了正、反方各自的特徵。

反方給人的印象總是很糟糕，這實在太慘了，因為他們在這個世界上其實有很大的價值。正方是蓋工廠的人，但反方才會讓我們注意到汙染、不良工作環境，以及工作場所的安全問題。正方也許改善了已發達國家的生活品質，但要求大家為解決其他地方的低生活景況而盡一份力的人，卻是反方。沒有了反方，人類就失去了進步的動力。

而另一方面，如果沒有了正方，我們將會發現自己無法解決問題，而身陷愁雲慘霧。畢竟正方才是能發現可能性並去實現的人。

在親密關係中，反方會先察覺到問題的徵兆，有時候在問題發生的幾天之前就能感覺到。身為對情緒較敏感的人，反方能感覺到舊痛即將浮現，但不一定能瞭解它的真面目。

當我是反方的時候，我不會說：「親愛的，我覺得小時候的創傷要浮現了，我們要準備好好療傷。」我較可能會這樣說：「到底是誰老是忘了把該死的燈關掉？難道你們以為我們家有自己的發電機嗎？」那是因為反方或許能略微感受到危機已經逼近，但不一定願意面對，因為他們也和正方一樣害怕痛苦。反方雖然能感受到多樣的情緒，卻不見得會感受到最重要的感覺。

在上例中，我妻子是正方。那麼，她是否能立刻察覺，我的抱怨其實是舊痛浮現的徵兆？她是不是這樣想：「噢，我親愛的丈夫在抱怨燈沒有關，他一定是感覺到舊痛快要浮現了吧？」恐怕不是這樣。

她可能會跑來跑去，把所有的燈關掉，也許會更乾脆地把總開關關掉，然後點幾根便宜的蠟燭來讓站在反方的老公開心。這是因為正方希望不計代價地避免不愉快的場面，即使心裡明知無法逃避。他們回應反方伴侶不快的方式，就是把造成不快的刺激移除，希望這樣就能讓問題奇蹟般地消失。

如果正、反方一起身處戰場中央，而反方告訴正方他害怕炸彈，正方會這樣回答：「炸彈？什麼炸彈？親愛的，只要假裝它們不存在，它們就會自己走開了。」自從發現了親密關係中有這樣的兩極區分後，我便相信「反方」即使身在天堂，也會把所有的時間花在尋找灰塵上；而「正方」即使身在地獄，還會給自己做一把搖椅，好享受地獄之火的溫暖。

一般來說，只要正、反方能尊重彼此的看法，並接受彼此的意見，那麼親密關係中的兩極其實可以合作無間。

反方會發現問題，並把它提出來討論，正方則會在聆聽之後，想出解決的方法。然後，反方會挑出這個解決方案中的問題，正方則在修正後，提出可行性更高的方案。兩人會不斷重複這些步驟，直到找出最佳的解決方案為止。

在這過程中，你會發現反方變得愈來愈樂觀，而正方也變得愈來愈實際。這樣，親密關係便取得了和諧的平衡。

然而，當舊傷浮現，而爭吵的誘惑性愈來愈大時，兩極之間的差異性會擴大，想要逃避痛苦的欲望，會使得兩人離對方愈來愈遠。這種過程可能早在實際爭吵前幾週就會開始。

在和妻子共度格外美好的數週之後，我會發現我們緩緩地、不著痕跡地遠離對方，而兩人都不知道美好的感覺是何時開始消退的。我們並沒有生氣或爭吵，但如果我們仔細檢查，就會發現我們把對方推得遠遠的。

正方推開伴侶的方式是否認自己的感覺，所以他們在外表上看起來仍然很愉快、很樂觀，演技之好，甚至可以騙過他們自己。他們也許會表現得超然、冷漠，或充滿了愛與關懷，但是他們並不是真的感覺到內心的愛和關懷，因為他們根本什麼感覺都沒有。

反方推開伴侶的方式，則是專注在他們認為對親密關係造成影響的問題上，並整天沉溺於這個問題所帶來的情緒中——通常是憤怒、氣惱或沮喪的情緒。

通常反方所專注的問題，和伴侶的人格或行為並沒有直接的關係。反方可能會提出家計問題、家裡有什麼東西需要修理、鄰居的狗太吵，甚至是社會腐敗之類的問題。簡而言之，正方逃避痛苦的方式，就是否認問題的存在；而反方逃避的方式，則是專注在惱人的事情上，並將其誇大，藉此分散自己的注意力。

我們心中舊有的痛浮現，要求我們正視它，是遲早的事。最後，推開對方的行為必然會愈演愈烈，而醞釀多時的權力鬥爭，便激烈地展開了。事情的導火線，通常是某件事超過了反方的忍受範圍。

人類有一個傾向，就是對事情的反應往往過於急躁，所以人們很難瞭解其實所有的狀況都是沒有好、壞之分的。妻子忘了去拿你的乾洗衣物，不是好事，也不是壞事，不是做對，也不是做錯。你的男友花太多時間在朋友身上，並不代表什麼。

狀況本身並沒有好壞，好壞是由你來決定的。狀況是不是等於問題，要看你怎麼去詮釋它。**你會有負面的看法，是因為過去的創痛影響了你**。

我提出了一個模式，如下圖所示，來描述親密關係的發展過程，當然前提是，這必須是一段健康、非病態的親密關係。

整個的過程，就是從一開始的快樂，到否認問題存在，到大戰爆發，解決問題之後，又回到快樂的狀態，如此循環。但這個過程的關鍵是「進化」，也就是說，權力鬥爭激烈的大戰階段，其實能讓我們的親密關係向前推進，達到更高層

快樂

假裝快樂
否認、小心地訴說，或根本不提任何負面的議題

大戰爆發
兩極化、權力鬥爭、明爭暗鬥、死氣沉沉

解決問題
溝通、分享彼此的感覺、認同對方

快樂

次的快樂和親密。

讓我們再回頭看看約翰和瑪莉的例子。仔細觀察堅持自我立場——尤其在起衝突時——會對親密關係造成多大的傷害，同時也讓雙方看不見增進感情的機會。

下例中的反方是瑪莉，她發現了一個狀況，且把它視為問題。

瑪莉：「你看到電費單了嗎？這次的電費比上次多了兩千塊！」

約翰：「親愛的，冬天到了啊。我們用電燈的時間變長了。」

瑪莉：「可是，兩千塊呀！而且我們的暖氣費是上個月的兩倍！再這樣下去，我們就沒有錢去度假了。」

約翰：「我們當然會去度假的。只要我多加點班，就沒問題了。」

瑪莉：「那我們在一起的時間就更少了。你現在已經加很多班了，我們幾乎很難見到面。」

約翰：「寶貝，我們每天都見得到面啊——老天，我們住在一起啊。」

瑪莉：「是啊，可是我們都很久沒有一起出去，或一起做點什麼事了。」

約翰：「我們上週末才去過珍金家吃晚餐啊。」

瑪莉：「我是說就我們兩個人獨處。我們都只是待在家看影片，不然就是去朋友家裡吃晚餐，感覺好像結婚很久的老夫老妻一樣。」

約翰：「我們這個星期五晚上可以出去啊，就我和你，我們去亞曼尼餐廳吃頓高級晚餐。」

瑪莉：「約翰，你實在太不切實際了！去亞曼尼，我們負擔不起的。」

約翰：「寶貝，我真的覺得你把這張電費單看得太嚴重了。」

瑪莉：「電費單不是重點，問題是我們！你現在整天都不在家，我們兩個好像陌生人一樣。」

約翰：「天啊！這樣吧，我們該買牛奶了，我現在就散步去超市買。你要我帶點什麼回來嗎？」

瑪莉：「要！（尖聲叫著）一個新老公！」

約翰大聲嘆了口氣，聳聳肩，出門去了。

這兩個人爭吵的內容，離重點實在太遠了。表面上看起來，任何一個旁觀者都會覺得約翰是個好人，卻跟一個喜歡嘮叨、無法取悅的女人住在一起。在絕大多數的文化中，反方發現問題的能力很少受到承認，他們往往被當作「製造問題」的人；正方則被看作快樂、善良、可敬的那一類型。

那麼，約翰為什麼要在這個時候出門呢？難道他沒有牛奶就活不下去嗎？當然不是這樣，他想要逃跑，是因為他有不好的感覺。沒有人能像反方的伴侶那樣，讓正方完全掉進負面、悲觀的漩渦裡。這個情形一旦發生，就可能演變成權力鬥爭，不論是以激烈爭吵或冷戰的形式。

如果約翰的忍耐力不是那麼好，他很可能會留下來跟瑪莉大吵一架，還可以理直氣壯地說是她起的頭。不過現在的約翰落荒而逃，盡可能讓自己遠離痛苦的威脅。如果他也感覺到問題的存在，對他來說，唯一的問題就是瑪莉，她在等著他買牛奶回來，好繼續跟他吵架。

有多少人能看出，其實約翰和瑪莉一樣痛苦。為了電費單，他的煩惱不亞於瑪莉？又有誰能看出真正的問題，是約翰和瑪莉都感受到舊痛的浮現——不受重視的痛苦，或比那還慘的經驗？

但如果他們堅持專注在表面的問題上，那麼約翰會不斷逃離瑪莉，而瑪莉會帶著愈來愈多的抱怨追在他後面。**約翰和瑪莉所採用的，正是人類應付痛苦的典型策略：放縱或否認**。一方會放縱自己的焦慮、憤怒、不滿的情緒，而另一方則會壓抑這些情緒，選擇逃跑，否認問題的嚴重性。

一旦痛苦浮現，反方會立刻集中火力找出最大的痛源，提出「問題」，並告訴正方。

正方的回應，往往是否認問題的存在（除了反方腦袋的問題以外）。

反方會堅持有很大的、也許無法解決的問題存在，而且已經影響到這段親密關係的未來。

正方會試圖找出解決之道。

反方會找出這些方案不可行的地方。

正方會試著逗伴侶開心。

反方不接受，而且會覺得正方這種故示恩惠的舉動很讓人討厭——現在想想，這種態度已經困擾反方很久了！

正方會去散個步，準備等反方心情好一點再回來。

反方會坐下來等，但怒氣未平，等伴侶回來，還準備繼續吵下去。在這過程中，不滿的強度愈來愈高，直到正方再也壓抑不住怒氣時，大戰就爆發了。

正方很少會承認問題存在。他們選擇不去面對負面的情緒。約翰的心裡是這麼想的，他們並沒有財務問題、電費問題或親密關係的問題，他們的問題是瑪莉。約翰會理直氣壯地堅持自己的立場，因為他覺得自己是對的。他會認為瑪莉是「問題製造者」，而不是發現問題的人，並且會以冷靜的推理來回應她的情緒化，這等於是火上加油。從瑪莉的觀點來看，她則覺得約翰不體貼、不關心人，而且盲目、看不到重點。

在此隱藏了一個重要的涵義：在一段親密關係中，別人怎麼待你，取決於你採取的立場。**在權力鬥爭中，只要你採取了一個立場，你就會自然地讓對方採取相反的立場**，這也決定了對方會怎麼回應你的行動。

所以，如果你不喜歡現在親密關係的狀態，你只要放下立場，去尋求和諧就可以了。在一般情形下，你的伴侶也會跟著改變。

如果你覺得對方沒有改變，往往是因為你並沒有放下自己的立場。有時候，雖然伴侶的行為沒有改變，你卻不再介意了。還有些時候，伴侶不肯改變，而選擇離開。如果是這樣，那麼兩人都可以重新尋覓更適合自己的親密關係。

只要你肯放下立場，不管結果是怎樣，對你永遠是只有好處，沒有壞處的，因為堅持立場所得到的，只有理直氣壯和驕傲所帶來的不真實的安全感。放了手，就能得到自由，讓自己在智慧和成熟中成長。

能談談嗎？

「我不想談你是怎麼傷我的心的……」——〈我不想談〉（I Don't Want to Talk About It，吉他手Danny Whitten詞／曲）

假設約翰和瑪莉現在還不能想像解決他們問題的方法，也就是他們的經濟狀況得到改善，而且問題背後的痛也痊癒了。

所有的權力鬥爭，一開始都巧妙地偽裝成親密關係所遇到的一個狀況。一二七頁這張圖表，也許能幫助你明白，這個狀況雖然看似平靜的池塘，但其實下面躲藏著大海怪。

如果瑪莉和約翰能為自己的舊痛負責，而不怪罪對方，將痛苦表達出來，使其浮上檯面，藉由這樣的方式，他們其實可以選擇愛他們自己。

只要兩人察覺到了痛苦的存在，就可以選擇平靜地去體驗它，用愛來支持彼此，一起度過。要做到這樣，**最簡單的方式就是「溝通」**。

但是，如果約翰和瑪莉都堅信對方對問題的看法是錯的，那他們就只會專注於證明自己是對的，而讓衝突升級甚至爆發大戰。

這一定會阻礙他們接近自己的靈魂。最後，約翰和瑪莉會被怒氣所控制，指控對方造成問題，因而爭吵不休。他們可能會氣得七竅生煙，或者大吵好幾天。他們的親密關係甚至會產生破裂，導致分手。

狀況（不好不壞）

收到電費單

問題（觸發機關）

瑪莉：我們負擔不起，沒有足夠的錢

約翰：瑪莉很不開心，我不知道怎麼辦

真正的問題（舊痛復發）

瑪莉，悲傷地：都是我的錯，我實在太沒用了

約翰，悲傷地：都是我的錯，我實在太沒用了

創傷（痛苦的原因）

瑪莉／約翰：從我有記憶以來，一直覺得自己沒有價值

選擇

瑪莉／約翰：我不愛自己了

也可能問題會自動煙消雲散，而當約翰散步回來的時候，兩人已經恢復到「正常」的狀態了。

無論如何，有一件事是確定的——**造成問題的傷痛並沒有痊癒。痛苦仍潛伏在他們心中，一有機會就又會出來作怪。**

真正有效的解決方案應該是，兩人都讓心中的痛浮上檯面，然後用健康的方式來處理它。但是，既然我們從來沒有學過處理方法，不知道該怎麼做，相比之下，逃避問題似乎容易得多。

然而，在所有人際關係中，放下自己的立場去尋求和諧，還是有可能的。當然，方法再多，若沒有尋求真正解決之道的意向，還是沒有用的。如同之前所說，「意向」是成功的關鍵。只要你明白了自己的意向，就能藉由有效的溝通，輕易找到解決之道。

現在想像我們把約翰和瑪莉的對話倒帶，然後換新的方法來進行。

瑪莉：「你看到電費單了嗎？這次的電費比上次多了兩千塊！」

約翰：「親愛的，冬天到了啊。我們用電燈的時間變長了。」

瑪莉：「可是，兩千塊呀？這樣下去，我們就沒有錢去度假了。」

約翰：「我們當然會去度假。只要我多加點班，就沒問題了。怎麼了，瑪莉？你還好嗎？」（約翰開始傾聽。）

瑪莉：「不好，我覺得很生氣。這張電費單真的讓我很煩惱，我覺得這樣我們的生活永遠沒辦法改善。」（瑪莉開始注意到被自己的怒氣所掩蓋的不自在的情緒。）

約翰：「我瞭解，親愛的。電費單也讓我很煩惱，但是我不希望我們的週末就這樣毀了。我希望我們能出去玩玩！該死，這是我們應得的。（約翰現在已經確定了讓兩人都快樂的意向——他選擇站到瑪莉那邊。）這樣吧，也許我星期一可以要求加薪。」

瑪莉：「不，真正困擾我的並不是電費單，也不是你加班太多。這個問題我已經遇過很多次了，我從出生到現在，一直覺得自己像個失敗者。」（瑪莉選擇不責怪約翰，因此察覺了自己的心路歷程。）

約翰：「聽起來你好像覺得自己沒什麼價值。我希望你明白，你在我心中有很重要的地位。你是我生命中最珍貴的東西。」（約翰更仔細地傾聽，並且試圖找出重要的感覺。他努力地想分擔瑪莉的痛苦，並且用重視的態度來撫慰她。）

瑪莉：「謝謝你，我真希望自己也能有這種感覺。從小時候起，我就一直覺得自己沒有價值。（現在她已經不說「我覺得自己像是……」了，而是用直接的「我覺得自己沒有價值」。）不管我再怎麼努力，還是會覺得自己只是父母的負擔——尤其是我父親。我已經在他面前盡力做個好女兒了，可是每次他不得不買新衣服或別的東西給我的時候，他總會嘮叨說我花他太多錢。我覺得很……很……」（瑪莉繼續與約翰分享她的感覺，也愈來愈清楚地察覺到痛苦的根源。）

約翰：「沒人愛嗎？」

瑪莉：「沒錯！」

約翰：「我瞭解你的感受。我母親也讓我有同樣的感覺。她總是抱怨我們沒有錢。她幾乎沒對我笑過，也不在乎我，就好像我在她眼裡一點價值都沒有。我經常有這樣的感覺——覺得自己完全沒有價值。」（約翰瞭解到瑪莉和他同病相憐，並讓自己盡量感受深層的情緒。）

瑪莉：「我也是。沒有價值。不過，你真是天才，約翰！」

約翰：「是嗎？那我為什麼還得為了區區一張電費單，要多加好多班呢？我節衣縮食，才能讓我們去度一個不怎麼樣的兩星期的假，回來之後又得拚了老命工作一整年。我覺得好……好……沒意義啊。」

瑪莉：「沒意義正是我的名字。我真的覺得我生來就沒有用，做不了什麼，一點意義都沒有。我常常想跟你分手，因為我覺得自己配不上你。」（兩個人都繼續分享更深一層的感覺，漸漸找到了和諧。）

約翰：「你從來沒告訴過我呀！親愛的，你對我來說就是最好的了。自從我遇見你之後，我就開始覺得也許我還是有點價值的。」

這樣的對話，顯然比之前那段好得多了吧。**只要其中一個人願意放下立場，就可以有這麼大的改變。**

在這個例子中，約翰決定不再當超人，並且**開始關心伴侶的感覺**。因為他是真心誠意的，沒有耍什麼把戲，所以瑪莉也不再放縱自己的負面情緒，而表達出了真正困擾她的那些不自在的感覺。除非反方這麼做，否則縱然他們能感受到許多事，卻永遠不會感受到真正重要的感覺。

當然不一定要約翰先放下立場，如果瑪莉先改變，也可以有良好的溝通。如果瑪莉一開始就為自己的感覺負責，而不去要求約翰做些什麼，她就可以挖掘出痛苦的根源，並且表達她的重要的感覺。然後約翰就能瞭解，其實他們是在同一條船上，並且「站到她那邊」和她一起探索痛苦的原因。

這樣，兩人的關係一定會更親密，而且約翰也不用藉口去買牛奶而逃出家門了，他會有很多理由待在家裡的。

聰明的讀者可能已經發現了，約翰和瑪莉已經不再怪罪彼此，他們把過錯都推到了父母的頭上。**事實上，我們小時候所受的創傷大都跟父母有關**，但瑪莉承認她的沒用、沒價值、沒意義的感覺是從她生下來就有的。畢竟，這些感覺是所有人類共有的，跟我們怎麼長大無關。即使他們仍然在怪罪別人，但重點是，至少他們之間的溝通已經邁出對自己負責的第一步。自然他們也可以更進一步，不再怪罪父母。在「內省」一章中，我們將繼續討論這個問題。現在，我想要提供給讀者一項溝通的基本法則，對結束折磨人的權力鬥爭，會有很大的幫助。

在我自己的婚姻中，我曾表明過立場（也就是，企圖證明自己是對的），也試過溝通的方法。我是個自尊心很強的男人，所以非常習慣於證明自己永遠是對的。但是，這麼做卻讓我得不到片刻的平靜——即使我事實上真的是對的！**只有放下自己的立場，接近對方，誠心希望好好溝通，我才能得到快樂**。

我發現，有八個重要的問題能引導我們做出真正有效的溝通。我用問題的形式來表達，因為問題能讓我們搜索自己的靈魂，去找答案，而指示方向卻往往會讓人公式化。經驗讓我明白，真正的親密關係是沒有公式可循的。不管是親密關係的快樂，或生活上其他的快樂，都依賴我們每時每刻的應對方式來決定。

我們來看看有效溝通的八個綱要問題：

1 我想要什麼？

2 有沒有什麼誤會要先澄清的？

3 我所表達的情緒，有哪些是絕對真實的？

4 我或我伴侶的情緒，是不是似曾相識？

5 這種情緒是怎麼來的？

6 我該怎麼回應這種情緒？

7 情緒背後有哪些感覺？

8 我能不能用愛來回應這種感覺？

當我誠實回答這些問題的時候，我的親密關係問題就迎刃而解了。另外，我還發現，與親密關係無關的問題，也能藉由跟伴侶溝通的方式而得到解決。

這八個問題不但指出了我親身體驗出的原則，也包含了許多大師的想法，如卡爾・榮格（Carl Jung）、恰克・史匹桑諾（Chuck Spezzano）、蓋・亨德利克斯與凱瑟琳・亨德利克斯（Gay and Kathlyn Hendricks），以及《奇蹟課程》一書。

以下就讓我們來逐一探討這八個問題。

1 我想要什麼？

這應該是進行溝通時最重要的問題。對我而言，最大的挑戰就是要一直專注在溝通的主要目的上（吵個沒完，通常是因為雙方都不確定自己在吵什麼）。只要其中任何一方能集中心力來結束權力鬥爭，就能很快找到恢復和諧的方法。所以，只要在心中確定目標，要達到和諧、雙贏的結果，並且盡全力去達成這個目標，我就一定能成功。

其實，每個衝突都有完美、雙贏的解決方式，但是一開始可能不容易發現。事實上，除了雙贏的方式之外，其他的解決方式都不能算是真正的解決。所以，我會自問：我想要什麼？我希望自己是對的，還是希望自己快樂？我要衝突，還是和諧？自衛還是互信？孤立還是親密？我想要單贏，還是雙贏？我想要妥協，還是完善的解決之道？

這是對自己負責的基本原則之一：你想要什麼，就會得到什麼。如果你想要贏，就一定會在衝突時爭個勝負，但是勝負之爭只會讓勝者有罪惡感，且讓敗者憤恨不滿、心存報復。

想一想，在爭論中贏過了伴侶，你的心情會很好嗎？你以為這樣就結束了嗎？對方也許在等著機會報復呢。反過來，雙贏的策略卻能讓兩個人的親密關係更美好、更快樂，因為你們知道彼此都在為對方著想。

有別於社會上某些堅定不移的觀點，我認為在人與人的衝突當中，沒有所謂的壞人。不管是情侶、朋友，還是合夥人之間的衝突，其實雙方都為了快樂與歸屬感而在盡力做到最好。

在我做過的許多心理諮商中，我常聽到一方對另一方有非常不好的觀感。他們曾經深愛的人，現在成了全世界最卑鄙的混蛋。經驗告訴我，對伴侶有很糟的評價，都是由於自己的痛苦所造成的。**發生摩擦時，如果能提醒自己「對方和我一樣無辜」，會有很大的幫助。**

我發現想要做到這一點，有一個好方法：只要想一想太陽不偏心地同時照在我們兩個身上，我就能提醒自己，我的靈魂對兩人的愛也是一樣的。當我想把別人看作錯的一方或壞人時，我會盡量記得自問：「我的靈魂會怎麼看待這個人？」我的心和靈魂都知道沒有真正的壞人。

想要確實達到自己確定的雙贏目標，我們不能滿足於看似和平的妥協。和妻子妥協時，唯一能讓我感到滿足的是，知道她失去的和我一樣多。妥協看起來好像是最佳的解決之道，但事實上，兩人都覺得自己是輸的一方，因為我們心裡都很清楚，雙方接受的結果，遠比不上真正可能的最佳方案。只要相信自己心靈的力量，我們就會發現，原本看似無解的難題，也能得到不可思議的，甚至是奇蹟般的結果。

想要看到這樣的奇蹟，我必須時時提醒自己，沒有人要求我來解決問題。事實上，每個問題的本身，都包含著自行解決的機制。只要問題所喚醒的感覺得到了妥善的處理，問題就會神奇地轉化為一份禮物、人生經驗，或一個讓生命更豐富的機會。

我的兩個朋友就是很好的例子。那時他們正面對很嚴重的家計問題，女方懷孕了，男方又丟了工作，壓力使得他們經常吵架。她覺得他很無能（一點都不像個男人，連自己的家庭都不能照顧），而他覺得她沒經過他同意就懷孕，一定是故意的，這樣她就可以逃避責任（每天躲在家裡看電視，什麼都不做），而他卻要辛苦地做很爛的工作。

但是在互相指控的表面下，其實她覺得家裡窮是她的錯，而他的想法也是一樣。他們都很自責，都認為自己應該想辦法來解決財務的困境。在適當的時機，他們決定坐下來好好溝通。

在這麼做的時候，他們發現原來兩個人都深信自己是沒用的失敗者。他們分擔了彼此的痛苦，一起落淚，並且為不曾有過快樂的童年而悲傷。那天晚上，他們在互相安慰中度過。幾天後，他得到了一份很好的工作，能讓他一展才能的工作。

就我看來，奇蹟並不是他得到新工作，而是我這兩位朋友能在最黑暗的時刻找到內心的愛。**他們發現，問題並不是錢，而是他們由於曾經受過創傷，對生命失去了信心**。一旦他們不再把解決問題視為自己的責任，他們就能把心力用來處理更重要的事，而問題已經發揮了應有的效用，也就會自然地轉變為一份禮物，讓他們重新找回對生命的信心。

這種轉變的關鍵就在於他們瞭解到自己真正想要的：希望孩子能有一對快樂、相愛的父母。

2 有沒有什麼誤會要先澄清的？

也許我的伴侶晚歸是因為車子爆胎了；也許她的朋友生病了，需要照顧，她又沒時間打電話通知我；又或許她晚歸是因為她以為我並不關心她回不回家，而我卻認為她是跟她更愛的男人出去了。

誤會一旦澄清，就不需要再胡思亂想。要知道，會指控對方往往是由於太多的假設。一旦所有的事實都公開了，你就能開始處理讓事情惡化的真正原因，例如：是什麼讓我們以為對方不再關心自己？

3 我所表達的情緒，有哪些是絕對真實的？

表達絕對真實的事實的意思是，我所說出的話，不會讓衝突更加惡化。如果我只描述自己的情緒，卻不把別人當成該負責的對象，那麼我說出的話，就是不爭的事實。反過來，如果我對妻子說：「你晚回家，讓我很生氣。」這句話就很可能讓衝突惡化，所以它不是事實。也許她晚歸是有原因的，這個原因可能會讓我馬上消了氣。事實上，我會生氣是由於自己所想像出來的她晚歸的原因。妻子的晚歸也許是導火線，但絕不是造成我憤怒的原因。我本來就有一肚子氣，只是在等機會發洩出來而已。她的行為讓我有生氣的藉口，卻並不是我生氣的原因。

比較接近事實的說法應該是：「你沒有準時回家，我就生氣了。」更好的說法是：「你的晚歸，讓我瞭解到我心裡有多大的怒氣。」不然這樣說吧：「我真的很不爽！這不是你的錯——我只是一肚子火！」**能對自己的情緒百分之百負責，你說出的話，就會是絕對的事實**。如果做不到百分之百的負責，你就還是有可能責怪、批判對方，自以為是，並且自我防衛。

每次親密關係發生了危機，我們都會自然而然地以為問題是外在的，但我發現**所有親密**

關係的衝突，其實都代表我自己內心的衝突。

榮格賦予「投射」這個詞一個新的意義：我們所看到的外在世界的每件事，其實都是我們內心世界的反映。在我進行的訓練中，有時我會要求參與的人先說出自己的感受，然後再描述跟他同一小組的都是什麼樣的人。

得出的結果都是一樣的：內心有恐懼的人，就會覺得跟他同一組的人看起來都很凶惡；心懷憤怒的人，就會覺得同組的人都有很多錯處；有一個非常平靜、快樂的人說，跟她同組的人都是小天使。

我曾一再得到驗證，「投射」原則確實是真的。我也盡力把親密關係中的所有衝突都看作我自己內心歷程的反映。如果在我的內心深刻地感受到被遺棄和寂寞——這是人類很常有的經驗——那麼我就會自然地認為身邊的人都是冷冰冰的，一點都不關心我。對自己的感覺負全責，就能讓我不再誤認為快樂和不快樂的源泉都是外在的。能夠明白對自己負責的道理，就能更加瞭解自己每時每刻體驗到的事物。

在衝突中，憤怒通常是最先出現的情緒。憤怒往往會蓋過其他更重要的感覺，但能明白並盡量感受自己的怒氣，也是件好事，只要不傷到人（包括你自己）就行。

除了憤怒以外，恐懼、悲傷或衍生自這三者的其他感覺，也是經常出現的情緒。**只要能說出「我現在覺得」**，在空白處填上你現在感受到的情緒，**你就開始探索自己的內心了**。而「我覺得好像……」或「我認為……」或「你讓我覺得……」則是逃避自己感覺的說法，而且往往會引發爭吵。

4 我或我的伴侶的情緒，是不是似曾相識？

你應該馬上就感覺得到，現在感受的情緒，已經存在你心中很久了。一開始，你也許會認為你一輩子從沒有這麼生氣，或這麼傷心過，但是責任感會讓你明白情緒的由來。你會發現，現在的情緒似曾相識，甚至可以說是擁有悠久的歷史。一旦你發現它很熟悉，就不太可能再怪罪另一半「讓你有這種感覺」。

當然還是會有人堅持，雖然這種感覺存在已久，但如果不是某某人做了什麼事，他們就不會再一次感受到這種感覺。我從小就傷心過，是沒錯。每個人都會有傷心的時候嘛，但是你不必讓我更難過啊！重點是，悲哀的感覺是早就有的，你會察覺到它的存在，是因為傷痛需要治療。

所有的事情，事實上都沒有好壞之分，但是當你感到悲哀時，你就會用悲傷的心去詮釋所遇到的事。認為先有事情的發生，才引起你的情緒，這是一種自欺的想法。事實上，先出現的是你的感覺與情緒。

這個問題也有另一面，也就是你可能並沒有察覺到自己的情緒與感覺。這時候，就讓對方來代表你們兩個人發言。如果你仔細聆聽，就能察覺對方現在的感覺。如果無法察覺，就要求對方多說一點，直到你能瞭解為止。一旦瞭解了對方的感覺，你就會想起你自己也曾有過這樣的感受，也就能明白自己的情緒了。如此一來，你就開始分享對方的感覺了。

5 這種情緒是怎麼來的？

「熟悉」這個詞，和「家庭」一詞脫不了關係。**家庭是你最早開始建構信念的地方。**「信念」是指由想法、圖像和感覺所構成的東西。**家庭也是你最早開始感受情緒的地方。**你心中無意識的部分在體驗到某事時會產生反應，這種反應就是情緒。你可以把無意識的部分想像成一片無邊無際的大海，充滿了能量、符號、原型和感覺。你的心會對這些無意識的感覺產生反應，因而出現負面的情緒，如悲傷、恐懼和憤怒。這些情緒都是你在小時候跟家人互動時產生的。

家人中最具重要性的是照顧你的人（通常是媽媽，有時候是爸爸或親戚），其次是掌大權的人（通常是爸爸，有時候是媽媽或親戚），最後是兄弟姊妹及其他親戚。你在跟這些人的互動中，可能會感受到強烈的情緒，有正面的，也有負面的。這在你建立起對自己的信念的過程中，有關鍵性的影響力。當你必須成長，擺脫這些信念的時候，相關的情緒就會浮現並投射在適當的事件上——通常是以感情危機的形式出現。現在你應該能瞭解**為什麼找出情緒的由來很重要了——這樣你才有機會把不好的、自我侷限的信念轉變為喜歡自己的信念**。

跟你的伴侶溝通，分享情緒的由來，有雙重的好處：

一是你可以不再把伴侶看作敵人，而讓對方跟你站在同一邊。既然你的情緒由來已久，這就能證明，早在你認識對方之前，它就已經存在了，所以對方自然也不是造成你負面情緒的禍首；

二來，跟伴侶分享你的情緒由來，能讓你更清楚自己情緒的每個小細節。

6 我該怎麼回應這種情緒？

當你這樣問自己的時候，你就可以選擇不再對負面的情緒做出直覺的反應，而去發掘能讓你得到平靜、喜悅與愛的處理方式。**一般來說，不論何種情緒，在你身上停留的時間都不會超過六分鐘**。除非你為它建造了一個家，讓它在你心中長住下來。

如果你否認自己的情緒，為情緒找藉口，害怕或放縱自己的情緒，那它們就會在你心中生根了。然而，如果你只單純地把全副精神集中在你的情緒上，卻不做任何評斷，那麼情緒就會轉變成更高形式的能量。**一個很好的處理方式是，心裡有什麼感覺就說出來，盡量不做保留，也不抗拒**。除了說出情緒的由來之外，你還必須說出情緒的強度、組成和它所造成的效應，但要小心不要在過程中放縱了情緒。

通常你在這麼做的時候，伴侶會從旁支持。但也有可能伴侶不會支持你，因為對方不夠信任你，或者對方正忙於應付自己的情緒。完成這個程序且不壓抑情緒對你是有益的，我將在本章的最後列出許多回應情緒的方法，以供參考。

這些方法成功與否，得看你有多大決心。你可以用下面這個問題來測驗自己的決心：

「我該怎麼回應這種情緒？」如果你的答案不是充滿了愛的答案，那麼你就選擇了恐懼。

7 情緒背後有哪些感覺？

只要能用有益的方式來回應自己的情緒，你就會發現問題已經解決了，而你和伴侶（這個跟你起衝突的人，也可能不是伴侶，而是其他人）的感情也更親近了。**你所要做的只是去充分地感受怒氣、悲傷或承認恐懼，然後你就會覺得舒服多了**。你已經往更充滿愛、更親密的感情邁進了一步。

然而，當化解了自己的情緒之後，你往往會發現另一扇門，一扇通往更廣大事物的門。我稱作「空虛感」的地帶，它是我們開始追求完全的「自覺」時才會遇到的感覺。寂寞、無助、絕望、迷失等（這些只是幾個簡單的例子），都是人類經驗的一部分，但是這些感覺似乎是那麼深遠又無邊無際，以至於我們好像十分害怕感受它們。我個人相信，小孩子發脾氣就是為了逃離這些空洞的感覺。

我還相信空洞的感覺是造成我們限制性信念的主因。如果我們能坦然面對這些感覺，人生就可以有很大的改變。盡最大能力將感覺表達出來，可以讓我們在更瞭解自己的同時保有自我，不致迷失。為什麼這很重要呢？因為我們最大的恐懼，就是怕自己會被這些感覺吞噬，因而發瘋或死去。

想像自己是一滴即將落入大海的小雨滴，在成為大海的一部分時，你能保有自我嗎？當我們感受到空洞的感覺時，我們就像那些小雨滴一樣，害怕會發瘋或死亡，就是這樣。但是，如果我們能夠面對空洞感而不恐懼呢？如果我們覺得自己沒有力量，那麼，如果我們能夠用負責的態度來面對無力感，會發生什麼事呢？也就是說，**不要把無力感當作敵人，而把它當作我們的一部分**。

8 我能不能用愛來回應這種感覺？

一旦選擇面對自己最深層的感覺，你就可以開始將恐懼轉化為愛意。在《奇蹟課程》一書中，有一句話是這麼說的：「不管你要去哪裡，愛都會找到你。」舉個例子來說，如果你能集中心力來面對無力感，並且接受這種感覺，那麼你就是選擇了愛。（在本章最後，我會附上其他回應自己情緒與感覺的方法。）

在面對壓迫性的感覺時，如果能夠選擇愛，你就選擇了比感覺更偉大的東西，而且同時也保有了自我。我發現這種選擇的影響力是很可觀的，有時甚至有點嚇人。

我從前一直認為自己最害怕的就是痛苦的感覺。而當我學會平靜地面對這種感覺時，我總會發現，痛苦已經轉變為一份禮物，讓我找回失去或遺忘已久的東西。這是很可貴的人生經驗，它讓我的目標更清楚，而且能夠體驗更高層次的快樂和創造力。這樣的結果真是太美妙了，現在唯一的問題是，我能不能承受這麼美好的事物？說實在話，比起空虛的感覺，我更害怕愛。像我的朋友恰克經常說的：「你能承受美好的事物到什麼程度？」這個問題的答案，就是我們每時每刻的選擇。

當我發現這個選擇的力量時，我又明白了另一件美好的事。當我選擇用愛來回應痛苦時，我就發現妻子跟我在一起，做出同樣的選擇。從那時候起，每次我選擇對自己的感覺負責時，我妻子都在我身邊，跟我分擔同樣的痛苦，也像我一樣努力地用愛、接受、瞭解和平靜的態度來回應它。

在發現這樣的奇蹟之後，我很快就想出了一個快捷的方式：

1 察覺衝突背後的情緒，並且深刻地感受它，以及更深一層的空虛感。

2 愛我的妻子（不過，我必須承認，我並沒有每次都使用這個快捷方式）。

當然啦，我注重科學的一面會覺得這實在太過簡化了，甚至有點像童話故事一樣。不過當我忘記自己有科學的一面時，這個快捷方式的實用效果是非常好的！畢竟，妻子就像我的鏡子一樣，完美地反映出我內心的感覺。如果我感到痛苦，我就會發現她也感到痛苦。所以愛她就是愛我內心的痛苦，也就是愛我自己！

在我的理論中，**用負責的態度去面對自己感覺的意願，是溝通的關鍵，也是解決權力鬥爭的方法**。

也許你會覺得自己天生不適合做這種事。下一章我將會討論一些可能的原因，現在我要做的，是讓讀者明白感覺的重要；如果你是正方，你會避免去感覺，而如果你是反方，你則會認為自己早已經感覺到了。我要說的是，**真正感受自己的感覺，並且決心安撫它們，能讓你跟伴侶、朋友、親戚或同事更加親近**。不管你是正方，還是反方，如果你覺得跟身邊的人無法更親近，那麼這些原則也許能夠幫上你的忙。

關於有效溝通，還有兩件事，我想要和你分享：

第一，有些用過這些方法的人會說，一開始很有效，但時間長了，就行不通了。一位案主跟我說，他們確實遵守了這些綱要，而且得到了很好的效果，但是第二天，事情就又回到了以前的「老樣子」。既然這和我自身的經驗相符，我便瞭解到，有時候衝突是一波「兩」折的，偶爾也會一波「三」折。所以，你要讓自己為第二波衝突做好準備，並且對溝通及感受的方法保持信心。只要聽從自己內心真誠的意向，你一定能達到更高的境界。

我想分享的第二件事是我曾試著背下這些綱要：我試過把它們貼在冰箱門上、浴室的鏡子上，還放在床邊的桌子上。而且我教導有效溝通的技巧也已超過十年，但是每當親密關係中出現大問題時，我的小字條總是找不到，而我的記憶更是一片空白。

因為衝突總是充滿了痛苦、憤怒、自尊、恐懼和罪惡感，讓人想不訴諸防衛機制都很難。這時候，承認自己是錯的，等於給我的伴侶機會（亦即「敵人」）來對我大加撻伐一樣。為自己以及伴侶的行為負責，就好像承認自己是該處罰的壞人，同時免除伴侶的所有責任。

在面對權力鬥爭中激烈的爭吵、冷戰或情緒化時，實在很難保持頭腦清醒。就算能記得這些綱要，也會覺得它們太薄弱，無足輕重。我們很可能因此完全忘記內心的真正目標。那麼，提出這些綱要又有什麼用處呢？

以上的原則及綱要的目的是要開啟我們的心房，讓我們瞭解，每個衝突其實都可以有完美的解決方案。許多人只知道妥協，卻不知道人與人之間的溝通事實上可以有更好的方式。我們從小就常聽人說，人際關係就是「給予與獲得」，但我的理論則是「給予與接受」。我不想從伴侶身上「獲得」什麼東西——這樣我會覺得自己像個賊一樣，我情願「接受」伴侶自願給我的東西。

但即使徹底讀完了這些原則，你還是會覺得這只是一個理想，不切實際，根本不能應用在人際關係上。我鼓勵你實際測試一下這些原則：**聆聽你的伴侶，就好像是在聽你自己的心對你說話一樣**。你不妨冒一下感情受傷的險，因為除了自以為是的立場和與人爭吵的不快以外，你並沒有什麼好損失的。只要真的有心，這些綱要就能達到預期的效果，我自己和許多其他人的經驗，都是如此。我知道這些綱要的真正價值。

我還知道，當受到情緒及恐懼的影響時，我們會心生懷疑，不再確定自己是否能達到和諧解決問題的目標。這也就是為什麼**我們必須在試圖溝通時，不斷問自己一個重要的問題**——事實上，這可能是世界上最重要的問題——**「我想要什麼？」**

當你深入瞭解人心時，你就會發現世界上發生的所有事，都是人的意願所造成的。如果我們希望完善解決一個問題，讓危機成為轉機，並且決心達成這個目標，那麼我們最後一定會發現真理——瞭解自己是誰，問題也自然迎刃而解。

我曾經遇過許多無法解決的問題，但我鼓足了勇氣去尋找真理，於是發現了奇蹟——看起來無解的問題，都得到完美雙贏的解決，讓雙方都十分滿意。

當然也有些時候，我沒有足夠的勇氣，不願去追尋真理，而情願築起心牆來確保自己的安全；或者我想證明自己是對的，而不願做個快樂的人。如果是這樣，那麼我就犧牲了我所愛的人，把他們當作敵人來看待，離他們遠遠的，或者無情地攻擊他們。

如此一來，我就無法得到和諧、滿意的結果，而是變得愈來愈自我、孤立。這些不愉快的結果並不是我的錯誤所造成的；錯誤是學習必經的過程。我心裡想要的事物，才是造成不愉快的原因。

最後，我想再給大家一個建議，這是一個曾解救我多次的方法，那就是：如果無計可施，就選擇臣服吧！

有一次，我的婚姻出現很大的問題，幾乎導致我和妻子離婚。有長達一個月的時間，我們企圖溝通，但即使有我寶貴小字條的幫助，我還是不斷陷入絕望的深淵。最後，除了找律師寫協議書，似乎再也沒有辦法可想了。

就在這時，我突然想起有一句話是這麼說的：「愛你的敵人。」由這句話，我又聯想到另一句，是凱撒大帝曾經說過的話：「**我發現敵人的真面目就是我自己。**」我看著妻子，發現我把她當作威脅我安全及幸福的敵人，而事實上，真正的敵人是我的自毀傾向，即我的懷疑、無價值感、驕傲、孤獨感、嫉妒、寂寞，以及對自己的憎恨。就是這些心魔在威脅我的快樂，而在那一刻，我瞭解到批判和惡行不可能是真理；只有能激發愛、喜悅和良好溝通的感覺與想法，才是真理。

最後，我終於擺脫了心魔的影響，在心中想像出美好的未來，並呼喚我的靈魂來教導我該如何表達，因為在那一刻，我最想得到的就是真理。

從痛苦中，我感受到對妻子由衷的感激，我向她表達她在我心中的重要性。這次我說的話，字字發自真心，雖然我之前也說過類似的話，但是一點效果都沒有。以前我雖然說的是應該說的話，卻只是為了控制我的伴侶，因為我把她當作敵人，而企圖保護自己。我認為她是錯的，而我是對的，如果我們一直這樣下去，不難想像我們將會卡在這個瓶頸裡很久很久。但是非常幸運，我放下了自己的利益，且記起了真正重要的事，為了我妻子好，也為了我自己好，我向最好的選擇臣服了。結果我們突破了瓶頸，親密關係回歸了正軌。那麼，下一次發生激烈衝突的時候，我會記得臣服嗎？我真心希望我會記得，但沒法保證。

我相信**溝通的關鍵就是臣服**。一旦你向真理臣服，你就能得到靈魂的引導。靈魂會讓你知道該說些什麼，並且領著你一步步走上和伴侶的融合之路。有時靈魂會讓你察覺內心存在已久的深層痛苦；有時它會讓你學會去愛、去欣賞，並且感激伴侶；有時它會讓你學會不再用期望去束縛伴侶。不論何種方式，靈魂總會讓你更靠近自己的內心，並瞭解到你和伴侶（還有世界上所有人）是一體的。

對正經歷「幻滅」階段，並深陷權力鬥爭，或企圖控制對方的人，我的忠告是認真學習有效溝通的原則，盡可能去瞭解它們。然後，在激烈的爭執中，相信自己的心和靈魂，讓它們引導你，只要你誠心地順服，真理便會讓你明白該怎麼做。

不管做什麼事都是一樣，只要知道自己真正要的是什麼，你就會自然找到方法。如果知道做不到有效溝通會有什麼後果，你也許會更願意盡力去做。如果不能用和諧的方式來解決權力鬥爭，你就可能讓自己的人際關係經歷第三種偏差行為，也就是「報復」。

報復

「要報復就必須冷酷；而太空就是冷酷無情的地方。」——《星艦迷航記》克林貢人的古老格言

「在太空中，沒有人會聽到你的尖叫。」——出自電影《異形》海報文案

報復的傾向，在權力鬥爭剛開始的時候就會出現。你會刻意傷害對方，進而減輕自己的痛苦。在報復的時候，你會得到一種冷冰冰的快感，但這種行為很快就會讓人上癮。其中一個原因是，要超脫自己的痛苦需要很大的努力，但藉著報復來轉移注意力，卻很簡單。知道對方和自己一樣痛苦，心裡就會舒服一點。

這樣有什麼不好嗎？問題是，傷害親近的人，會在你的痛苦之上，又添加一層罪惡感，如此雪上加霜，你就會更想要報復。如果你聽過鬧得不可開交，終致離婚的夫妻交談，你可能會懷疑這兩個人到底有沒有相愛過。為了金錢和財產的爭吵，聽起來雖然合乎邏輯，

事實上卻是企圖處罰對方的報復。

我從兒子身上瞭解到，人在多小的年紀就懂得報復——那時，他才三歲。雖然哈蒙在三歲小孩中算是很好相處的一個，但他在睡覺的問題上，卻帶給我們很大的麻煩——他從來不願意乖乖上床睡覺。如果照他自己的意思，他會一直玩到凌晨。我和太太自然是要先睡了，只能提醒他睡前記得關燈。就算他願意乖乖上床，在十二點之前，他是不會閉上眼睛的。

有一天晚上，我下定決心一定要讓哈蒙在就寢時間上床。八點一到，我就把他抱起來放到床上。他跑出房間，我把他抱回去。他又跑出來，我又把他抱回去。到了九點半，他已經很不開心了，而我則非常疲倦。在整個過程中，我的決心都沒有動搖，也一直努力保持著冷靜。這一次，我把他抱進房間，他就沒有再跑出來了。

他開始哭，而我則到客廳坐下，準備他再跑出來時，再上樓抱他回房。後來他終於不哭了，變得非常安靜，應該說是太安靜了。有一種安靜會讓父母馬上產生懷疑，沒經過訓練的人是聽不出來的。這種安靜會讓你不敢上床睡覺，否則早上睡醒的時候，房子或許已經整個燒掉了。

我又上樓去，把他的房門打開。哈蒙躺在床上，靜靜地撕著壁紙。我怎麼知道這算是報復呢？他的臉看起來很平靜，當他抬頭看我的時候，眼睛裡也沒有憤怒。我知道這是報復，純粹是由於我的感覺。我感到心頭一陣刺痛，那是讓人想要流著淚問「你怎麼能這樣對我」的那種痛。我兒子一定是覺得自己輸掉了權力鬥爭，而報復是唯一能讓他撿回一點力量的方法。

想要知道你和伴侶的互動中是否夾雜著報復，是有跡可尋的。當你覺得伴侶的行為是想傷害你的感情，當你覺得伴侶的話或舉動讓你受到刺激、背叛或侮辱，那麼很可能你們之間的權力鬥爭已經轉變為報復。

如果你因為伴侶的痛苦而沾沾自喜，甚至十分高興，那麼你就是在報復對方。你甚至會裝作理性地說：「我只是想讓她知道，她這樣對我的時候，我有什麼感覺。」「很好，我很高興知道他受到了傷害，這樣下次他就會注意一點。」「只有這樣，才能讓她明白不應該這樣對待別人。」「是他先傷害我的啊。」我們會這樣對自己說，因為我們知道報復對任何人都沒有好處，但又不想讓自己當壞人。於是我們就把自己的行為合理化，讓我們看起來像是好人在懲罰壞人。

在親密關係中，察覺報復的跡象並選擇改變，是很重要的。思考一下你和別人發展親密關係的原因，你就會瞭解，你的目的並不是要傷害任何人。爭吵是誰「開的頭」並不重要，因為這並不是任何人的錯。**會爭吵，是因為你內心的創痛需要治療**。如果痛苦浮現，你卻選擇讓自己痛上加痛，那麼你已經失去了方向，需要重新思考你在親密關係中的目標。

如果現在你面對痛苦的方式，還是和三歲的時候一樣，那麼你就無法成長。你將一輩子在自我防衛中度過，無法信任別人，而且各種微妙形式的報復，將會成為你生活的一部分。

要記得，報復是一把雙刃劍，施加報復的人和被報復的對象，受到的傷害是一樣深的。而且，選擇報復雖然很容易，卻並不是阻力最少的途徑。事實上，這是阻力最大的一條路。報復讓你難以體驗真愛。如果你選擇報復，最後一定會走上自我放逐的死路，這也就是結婚誓詞從「我願意」變成「不必麻煩了」的時刻。

比較聰明的方法是，檢查一下親密關係中，你有沒有在哪些地方去刻意（不管是自覺或不自覺的）傷害伴侶。晚回家又不打電話，跟尖酸批評或惡言相向一樣算是報復的行為。你必須瞭解自己在報復時用了什麼作為武器，並且讓伴侶知道。問問對方，哪些話或行為會讓他／她真正受到傷害，然後保證以後會對自己的行為更加注意與負責。

放下武器，選擇和睦相處吧！神說：「報復是我的權利。」也就是說，它不是你的權利。

贏在心態上

「如果你想一窺自己的宿命，只要看看你的心態就可以知道了。」——佚名

我想要再一次回顧「痛苦」這個問題，來作為本章的結束。**我在親密關係中學到的最寶貴的一課，就是你非常有必要用全新的心態，來面對親密關係中浮現的痛苦。**

除了小時候受到的創傷以外，我發現自己心中還有更深一層的痛——生而為人的痛。這種痛似乎是由孤獨感衍生而來的。許多人都有過孤獨的感覺，不管身邊有多少朋友和深愛的人都一樣。就算情緒最穩定的那些人，也會有寂寞、無助、絕望、嫉妒和空虛（這些不過是區區幾個例子）的時候。我把這種傷痛叫做「身為人類的痛」，稍後會詳加討論。現在我要說的是，想要在親密關係中獲益，我們必須以不同的心態來面對痛苦。記住下面這句話，或許會有些幫助：**痛苦雖不能避免，要不要受苦，卻可以選擇。**

逃避痛苦、不願面對的傾向，只會延長我們所受的考驗與苦難。許多人在面對痛苦時，都傾向於逃避、掙扎、發怒或反應過度，因而使痛苦加劇。看看我們在面對令人不快的狀況時，會做出什麼樣的選擇：我們可能會嘗試抽離自己的情緒；假裝不知道發生了什麼事；用外交手段來解決，讓雙方都不受傷，但也不滿意；責怪別人，並要求他們改善；或乾脆祈禱問題會自己消失。也有些人可能會用怒氣來麻痺自己內心的痛苦，幻想痛苦會就此消失，不再浮現。

但是，就像我盤子裡的胡蘿蔔不會自己消失一樣，由我們的不完美而產生的痛苦，也不會自動消失。

許多宗教和哲學都對痛苦做出解釋，並提出讓我們脫離苦海的方法。我研究過許多教人面對痛苦的方式，沒有一種會鼓勵我們逃避、攻擊痛苦，或放縱自己。相反地，每種方式都教我們用平靜、富有同情心且不傷人的方式來面對。

我知道對許多人來說，要實行，並沒有聽起來那麼容易。這讓我想起一個故事：有一位失去行動能力，只能坐在輪椅上，失明且聽力下降的老人即將過一百一十歲的生日，有人問他活到這麼老，有什麼感覺。他誠懇地回答：「很好啊！我還沒有死，這樣算不錯了。」

那些胡蘿蔔對我來說難以下嚥，這是毋庸置疑的，但是明知無法逃避，還要掙扎，不願把它吃掉，也不算是很好的選擇，因為這樣只會讓我的痛苦有增無減。

一路走來，我瞭解到跟妻子爭吵、證明她是錯的或企圖控制她的行為，只會阻礙痛苦的浮現，自然也就無法用愛來療傷。

如果能坦然面對痛苦而不抗拒，那麼痛苦就會轉變為一份禮物，讓我們更有自信，更相信自己，更堅強，更快樂，更接近自己的靈魂，更瞭解彼此等等。

總而言之，若能坦然面對，益處是數不盡的。我們都知道，如果不能接受並坦然面對痛苦，我們就必然要受苦。但若能用勇敢的、靈魂所啟發的方式來回應，我們就能得到前所未有的自由——靈魂關係的自由。

親密關係通關指南

1 我們小時候所受的痛苦，大都由於需求不足。孩提時代兩大主要需求是歸屬感和確認自己的重要性。有時需求沒有得到滿足，所造成的痛苦非常深重，讓我們覺得再這樣下去，自己好像會死掉，或受到重大的傷害。

2 為了保護自己免於心碎，我們會採取非常手段，也就是把沒有滿足我們需求的人（「傷害」我們的人）拒於千里之外。我們把痛苦丟進地下室——也就是潛意識裡。但是有一個很大的問題，那就是我們對於當初對自己造成創傷的人、事、時、地，以及原因，往往存有錯誤的記憶。人類的心智似乎有自我保護的機制，讓我們不會再一次感受過去的創痛。保護自己的兩個方法是：麻醉自己和遺忘。我們把痛苦深埋在潛意識裡，然後把發生過的事忘記。往往創傷愈深，我們「健忘」的傾向就愈嚴重。

3 不管我們受到多重的責打，身體所受的痛，總是比不上心理的痛。感覺自己不被愛，是最傷人的，這種感覺會讓我們對自己產生負面的想法，讓我們無法瞭解自己真正的潛力——開創快樂的、自我實現未來的潛力。

4 把生命中重要的人拒於千里之外，會讓我們對每個人都保持距離。但我們還是會有需求，還是希望有人能滿足我們，於是我們相信，想要得到滿足，只能用強迫別人的方式，因而想出許多操縱別人行為的方法。

這些操縱人的手段衍生自沮喪的心，而不是出自愛或靈性，所以這樣的行為是被誤導的偏差行為——即使我們如此做，是為了得到愛。

簡・尼爾森指出四種主要的偏差行為是：

①引起注意（看看我！看看我！）

②權力鬥爭（我不想做，你不能逼我！）

③報復心理（你傷害了我多少，我也要傷害你多少。）

④自我放棄（努力有什麼用呢？反正我一點也不重要。）

總有一天，我們會選擇一個親近的對象，這個人可能是密友、情人或夥伴；我們希望這樣就能讓存在已久的需求得到滿足。我們會故伎重演，採用小時候做出的偏差行為。隨著年齡增長，偏差行為會變得複雜，但結果卻是不變的：我們的需求還是沒有得到滿足，而曾經感受到的不被愛的傷痛又開始浮現。

這樣的互動，往往會讓雙方都產生錯誤的觀感——兩個人都認為對方的行為造成了自己的不快。妻子可能會經常忘記丈夫不喜歡她的某一種香水，而繼續使用它；丈夫可能會把襪子和內褲到處亂丟，因而造成妻子的不便。兩個人都認為對方的行為，是造成自己痛苦的原因，於是爭吵不休。他們都不瞭解，其實對方的行為只是讓自己的舊痛浮現的催化劑。

5當舊痛浮現，我們又會像從前一樣，想把伴侶拒於千里之外。我們會展開權力鬥爭，使自己和對方保持距離。權力鬥爭在這時具有多重功能：

①我們企圖控制對方的行為，因為我們認為那是造成我們痛苦的真正原因。

②我們會採取跟對方相反的立場，讓兩人保持安全距離，這樣一來，就不會感到痛苦。

③雙方都覺得自己是對的，因而覺得握有力量。

④分散雙方的注意力，讓兩人都不必面對痛苦、沮喪的真正原因。

6 在所有的權力鬥爭中，其實在內心裡，雙方都感受到同樣的痛。但兩人採取了「對立」的立場，於是「正方」似乎對什麼事都沒有感覺，而「反方」則是對每件事都反應過度。兩個人都不會感受到真正事關重大的痛苦，或是痛苦之下隱藏著的愛。

7 權力鬥爭一開始總是偽裝得很好，看起來就像是人際關係中遇到的一個狀況似的。但在這表面下，隱藏著什麼呢？（請看以下的圖表）他們其實可以

狀況（不好不壞）

甲晚歸

問題（觸發機關）

乙：甲總是晚歸又不打電話，我很生氣

甲：乙很不開心，我不知道該怎麼辦

真正的問題（舊痛復發）

乙，悲傷地：我覺得配不上你

甲，悲傷地：我有罪惡感，我不夠好，配不上你

創傷（痛苦的原因）

甲／乙：從我有記憶以來，一直覺得自己沒有價值

選擇

甲／乙：我不愛自己了

做出新的選擇——只要他們能對自己的痛苦負責，不怪罪對方，表達自己的痛，讓它浮上檯面，他們就可以選擇愛自己。

痛苦一旦浮上了檯面，兩人就可以選擇平靜地去體驗它，用愛來支持彼此，一起度過。要做到這樣，最簡單的方式就是「和對方溝通」。

8 能幫助你做出有效溝通的八個綱要問題如下：

①我想要什麼？

②有沒有什麼誤會要先澄清的？

③我所表達的情緒，有哪些是絕對真實的？

④我或我伴侶的情緒，是不是似曾相識？

⑤這種情緒是怎麼來的？

⑥我該怎麼回應這種情緒？

⑦情緒背後有哪些感覺？

⑧我能不能用愛來回應這種感覺？

以下所列的是九項我最喜歡的處理痛苦情緒的方法。我曾用這些方式得到了平靜，也解決了問題。

方法一：向感覺吸入空氣

找出你身體哪些部位與你的情緒相對應。通常憤怒的感覺會在頸背、下巴和肩膀造成反應；悲傷的感覺在胸腔和喉嚨，或有時在眼睛後方造成反應；恐懼的感覺反應，則往往在消化器官。但這只是一般性原則，對情緒有反應的身體部位會因人而異。

一旦你找到了感覺情緒的身體部位，就把你的呼吸導向那個部位。你的吸氣必須深到足夠充滿你的身體。吸氣要均勻、不間斷，不是吸氣或呼氣之後就停下來。不斷向感覺吸進空氣，並接受自己的感覺。

如果排斥自己的感覺，你只會讓它的負面影響更加壯大，而對你的身心造成更大的傷害。**如果你能平靜地向感覺吸入空氣，只要一分鐘，你就會發現感覺已經開始改變了。如此集中精神，呼吸六分鐘以後，你的感覺就會完全不一樣了。**有時不一定是六分鐘，需要多久才能完成這個過程，你就呼吸多久。

方法二：如實如是地接受

將覺知即刻帶到感覺裡。在此過程中，你的感覺中會有意識出現。之所以有意識的出現，是因為我們往往傾向於排斥和否定那些我們不想面對的情況，正是對這些不想面對的情況的拒絕，會導致我們在情感上對這些情況的排斥。

但切不可把「接受」與「順從」混為一談。順從是以容忍的方式掩蓋拒絕的真相。「它就是這樣子的」是一種強有力的表示方式，能夠讓你集中精力關注你內在的不適感。你也可以試著接受你排斥的東西，這會讓你與自己的憤怒情緒相連接，更好地探索憤怒之下的感受。

方法三：觸摸疼痛

如果沒有意識到自己的感覺，你可以直觀地問問自己：如果別人面臨和你一樣的狀況，他們會有什麼感覺，在他們身體的哪個部位會有反應（情緒幾乎總是在軀幹上造成反應，但有時頭部也會有反應）。

將你的手放在那個部位，去注意任何身體上的感受，逐漸地，你就會意識到更深層次的感覺。一直把手放在那個部位，直到你完成整個過程為止，或者直到你意識到在身體的其他部位有更強烈的感覺為止。

方法四：克里希那穆提的方法

想像你的身體是一個容器。讓你的痛苦充滿整個容器，想像你的身體可以一直擴張，直到把所有痛苦都裝進去為止。然後，讓你心中的愛，散發出溫暖的治療之光。在體驗感覺或情緒的同時，看著你的心，用無私、無條件的愛去照耀你的痛苦。用開放的心，去接受這樣做的結果。

方法五：運用肢體表達

依照你的感覺來移動自己的身體。大部分負面的感覺或情緒都是收縮性的，所以你可能會自然地想把身體縮成一團。讓身體來表達你的感覺。當你覺得身體已經正確地表達出你的感覺時，你就維持住這個姿勢，時間長短由你自己決定。

然後，再想像你被快樂籠罩時，身體會做出怎樣的動作。想像你另有一個快樂的身體，在你痛苦的、蜷縮起來的身體旁邊繞著圈，然後慢慢靠近，最後和痛苦的身體合一。當兩者融合的時候，會發生什麼事呢？讓你的身體來表達其結果。

方法六：作者的方法

這個方法是我在二十歲出頭的時候，無意間發現的。有一天，我感到非常絕望，幾乎到了無法承受的地步。我躺上床，閉上了眼睛，突然我發現自己可以「看到」痛苦呈現出來的形態——它是一團紫黑色的雲。

我全神貫注地望著它，發覺我的專注能讓我到達雲的中心。雲的中心呈現不同的顏色——它是紅色的。於是我專注地看著這片紅色的區域，直到我所能「看到」的範圍全部充滿了紅色的能量。現在我發現絕望的感覺已經消失了，取而代之的是由無助所導致的虛弱感。我的專注再一次帶我到達這個感覺的中心，這次我看到的顏色是藍色的。很快地，我就被藍色的能量包圍住，而讓我察覺到內心的不被愛的感覺。在半小時之內，我經歷了至少二十種深刻的感受。

我不斷地這樣進行著，直到自己體驗到極致的愛為止。那天之後，有好幾個星期，我過得非常愉快。然後，我再一次感受到痛苦，不過這次我就知道該怎麼處理了。

你也來試試看吧！「**看一看**」**你的感覺是什麼顏色，**「**聽聽看**」**你的感覺發出什麼樣的聲音**，讓你的專心幫助你到達這個顏色或聲音的中心，不管你要揭開多少層的簾幕，最後一定能得到平靜。

方法七：聽聽感覺說什麼

如果你仔細聆聽心中的感受，就能聽到它從一開始就想說的話。聽聽它想說什麼，讓它藉由你的嘴來表達，當你知道它的存在以後，感覺就能演變為更高層級的體驗。

未知的事物總是令人害怕，所以**問問自己**「**你的感覺想說什麼**」**吧**。如果你不知道，就想一想如果你知道，感覺會說些什麼。想要瞭解的意向能啟動你的直覺，而直覺則能引導你的想像力。所以你一開始雖然只是猜測，卻能慢慢演變成精確的表達感覺的方式，而讓你的感覺得到釋放。

方法八：感謝的效用

過於情緒化，很容易讓溝通阻滯不前，但是只要一句簡單的感謝，就能輕易地讓溝通再次變得順利。當然啦，當你深陷在痛苦的感覺之中時，你可能很難看到對方有什麼值得你感謝的地方，但只要你有心，就一定能找到適當的話語，來向對方表達他／她對你多麼重要。在黑暗中，愛就像一盞燈，能指引你們的方向，讓你們重回對方的懷抱之中。

方法九：分享你壓抑的感情

另一個察覺痛苦情緒的方式，是**和伴侶分享你所壓抑的感情**。你一直在壓抑的，也許是一份恐懼、一個祕密，或不想讓別人知道的情緒。把你所壓抑的感情拿出來分享，就像拔掉一個瓶塞，讓關在瓶子裡的感覺，能以健康的方式釋放出來。

當然，你必須分清楚哪些感覺是可以分享的，哪些不可以，這樣才不會火上加油。就像處理其他情緒問題時一樣，永遠讓心來引導你。

9 我想要向恰克．史匹桑諾致謝，他採用了《奇蹟課程》一書的綱要作為他的著作《知見心理學》（*Psychology of Vision*）的基本架構。從他的著作中，我得到了許多有關溝通的重要知識，在以下的段落中，我會把這些知識用雙星號（**）在句末標示出來。

以下是我個人對「權力鬥爭」和「溝通」的觀察心得：

不管自己和伴侶的行為讓我有什麼樣的感覺，只要能為這些感覺負全責，我就創造了我們之間互相支持的可能性。

如果我這樣對伴侶說：「你昨晚很晚才回來，讓我很不爽！」那就表示我不瞭解心中痛苦的由來。我認為是她造成我的不快，於是把我的快樂變成了她的責任。

可笑的是，我認為讓她當做錯事的壞人，就能讓我理直氣壯，覺得自己握有力量。可是相對地，如果我把自己當作她所作所為的受害者，我又放棄了多少力量呢？堅持她是錯的，而我是對的，也許能讓我得到虛浮的力量感，但我一定不會快樂。

換個角度來看，如果我對她這樣說：「你昨天晚歸，讓我察覺到了內心的痛苦。我覺得自己被遺棄了，沒有人愛我。但這不是你的錯，我只是發現在內心深處，我是多麼沒有安全感。」如果我說這話的時候是誠心誠意的，而不是在做被動式的攻擊，那麼對方就不需要為了自衛而在我們之間築起高高的城牆。

事實上，我這樣做，可以讓她擺脫晚歸的罪惡感，而開始表達她的感覺。

在溝通的時候，如果我一直堅持自己是對的，爭吵就會一直繼續下去。如果你發現自己和伴侶爭論不休，無法解決，那麼不妨問問自己，你是不是堅持自己在某件事上是對的。（＊＊）當你發現了自己堅持的是什麼以後，再**問問自己，你比較希望自己在這件事上是對的，還是比較希望自己能夠快樂**。如果你堅持要當對的一方，爭吵就永遠沒辦法結束。

如果互相指責在權力鬥爭中占有很大分量，那我就絕不能一直堅持自己是對的。我往往會堅持伴侶是錯的，以掩飾自己的錯。**我會頑固地想當對的一方，有一個原因是恐懼——害怕承認自己錯，會受到處罰，而且永遠得不到原諒**。

另一個原因是我的愚蠢的自尊。還有一個原因，如果我承認自己是錯的，就沒辦法控制局勢的發展；但是這些理由都不能使我快樂，而只會讓我把自己封閉起來，離伴侶遠遠的，讓自己處在孤立、自衛的狀態之中。

如果能在親密關係中採取百分之百的負責態度，我就能輕易地找到較成熟的解決方式。溝通是不能用一人做一半的方式來進行的。如果我認為我做我這一半，伴侶也得做她那一半，兩人才能溝通，那麼我就是對她有所期望，也就是再一次把我的快樂當作她的責任。

第一章中，我們已經談過，期望會導致失望以及憤恨，這會讓權力鬥爭更加惡化。在心中，我清楚地知道，我已經有了百分之百的完整答案。如果我相信自己的答案，我的心就會告訴我該說些什麼，該如何聆聽。決心只有一種，那就是百分之百的決心。百分之五十的決心是不算數的。

有時候，溝通中最快捷的方式就是誠心道歉。如果你能承認曾經犯下的錯誤，就能省下一大半的力氣，有時候甚至可以讓衝突馬上結束。

承認自己有錯，具有神奇的療效。把自己擺在需要人原諒的處境裡，對你來說可能是種全新的體驗。但是有很多人把犯錯和做壞事劃上等號。你腦子裡的完美主義也許會經常批評你把晚餐燒焦了，或把木材鋸得太短。這些原本很小的錯誤，卻被看作不可原諒的罪行。這是因為我們與生俱來的罪惡感讓我們不肯原諒錯誤——不管是自己的，還是伴侶的錯誤！如果你肯坦然承認錯誤，那麼罪惡感就能轉變為同情心，讓你體驗到真正的寬恕。

我常建議爭吵中的夫妻，在其中一人說話的時候，另一人就想像自己正在看著一面鏡子。**伴侶對你說的話，其實是你對自己說的話**。

我自己也使用過這個方法，因而知道了一些在瞭解自己之前必須知道的事實。如果伴侶說你自私，而你為自己辯駁，那就表示你內心深處一定也相信自己是個自私的人。自衛的辯駁只會讓你的信念更堅定，同時也加深了你對這個信念的恐懼。

相反地，接受伴侶的說法，則能讓你心裡的信念浮現出來，如此一來，你就有機會把它改變為比較健康而且充滿愛的信念。你可能會因為自己的自私而覺得羞恥或有罪惡感，但如果你願意把自己的想法攤在陽光下，你就不會被它所控制了。

如果伴侶所表達的痛苦感覺是我不能馬上體會的，我可以問問自己，是不是曾經有過一樣的感覺。（**）然後我會想起自己確實曾經有過這種感覺，於是當時的感受就會在心裡重現，現在我要瞭解伴侶的感受，就容易多了。知道伴侶跟我有同樣的感受，就更能讓我把她看作鏡中的自己。如此一來，我就會把伴侶當作曾經失去，而現在重新找回了的我自己的一部分。（**）

現在我們來看看正、反兩極的問題。電池如果只有正極或只有負極，是無法使用的。如果想法總是太傾向正面，你將會失去平衡——因為你很可能封殺了自己負面的那一面。

大自然是注重平衡的，所以如果你吸引到的另一半是傾向負面的，這也很合理，因為這樣才能達到平衡。**伴侶所表達的負面感覺，其實是一部分的你，被你封殺了的那一部分**，現在希望和你團聚。接受「負面的自己」，能讓你感覺更完整，也更接近自己的心。如果你是「負方」，吸引了「正方」的伴侶，也會經歷同樣的過程。

「反方」是感覺豐富的一方，往往傾向於放縱自己的悲傷、恐懼或憤怒，且相信這些感覺都是千真萬確的；「正方」則盡可能地避免感受情緒，在潛意識裡，他們生怕感覺和情緒具有致命的危險性。但如果可以合作，正、反方就能夠互補。

感覺敏銳的反方，可以幫助正方以較輕鬆、平靜的態度來面對自己的情緒，並用同情和瞭解的態度來安撫、鼓勵正方。正方則能幫助反方，讓他不致因為過分放縱情緒而陷於低潮。正方熱情洋溢的樂觀態度，還能鼓勵反方一步步走向真愛。

把伴侶當作自己內心的一部分，仔細聆聽對方的想法，能夠讓你以不同的觀點去看待問題，因而讓你發現更多的可能性。如果把負面的觀點與正面的觀點結合，你就很有機會得到一個平衡的觀點。

只要解除自己的武裝，我就能瞭解，**伴侶對我的攻擊，其實是求救信號。只有不快樂的、受了傷的人，才會攻擊別人**。

有時候，當伴侶對我使用言語攻擊的時候，最好的回應方式就是感受，並自行消化心中的不快，而不反擊回去。同時，以同情、瞭解的態度來應對，用溫柔的語調訴說真心的話，能收到驚人的效果——對方的攻擊會轉變為真誠的感覺分享。通常當我自行消化了自己的負面感覺後，衝突也就自然結束了，兩人又會像度蜜月一樣甜蜜。

我曾經聽過許多案主抱怨說，他們的伴侶什麼事都不告訴他們。例如，一位婦女是這麼批評她的丈夫的：「每次我想要好好談談時，他總是逃離現場，再不然就是開始看報紙。」讓我們假設在這個例子中，沉默寡言的一方是感到較多痛苦的一方，那麼他的伴侶就必須使用「誘兔出洞」的把戲。如果想抓一隻躲在洞裡的兔子，你當然可以使用蠻力把牠拖出來，但是這個方法可能會讓受驚的小動物躲進洞的更深處。比較好的辦法是，拿一片菜葉放在洞口引誘牠，讓兔子自己從洞裡出來。

在上例中，面對埋頭看報、沉默寡言的丈夫，**有效的應對方式是讓他知道，如果想要談談，她隨時都有空，然後給他很多的個人空間**。接下來，她所要做的，就是完全不要期望他會開口說話。

每當我這樣告訴案主時，他們往往會這麼回答：「我已經試過了。我給他很多空間了，但是他還是什麼也不說。」

然後，我會對他們強調我說的是「很多很多」的空間——空無一物的空間，沒有期望，什麼都沒有。

我想要告訴這些案主（並提醒我自己），爭吵需要兩個人參與，要解決爭執，卻只要一個人就夠了。即使你的伴侶縮在殼裡，不肯出來，即使對方還想一直吵下去，或是完全不瞭解有效溝通的原則，都不要緊。只要你有用愛來解決問題的決心，你就能想出實現目標的方法。讓我們面對現實，要在你認為是敵人的人面前，坦白你的痛苦或需求，是需要勇氣的；而在大戰爆發之前，你的伴侶往往就像是敵人。

如果你把痛苦怪罪在伴侶頭上，不肯承認它是你自己的責任，你將會：

①在衝突愈演愈烈時，你很可能招致對方猛烈反擊；

②因為傷害伴侶而有罪惡感；

③**傷害到自己，因為你的伴侶事實上「就是你自己」**。這樣一來，你就會在舊傷上又添加新傷，而且也和伴侶愈來愈疏離。但是，如果你在爭吵時，能停下來想一想，感受一下驅使你爭吵的痛苦，並接受它，你將會改變自己，也改變你的親密關係。

「承認自己有錯」能讓這個過程變得容易一點，同時也是溝通中的轉折點，這是非常重要的，因為罪惡感似乎與所有潛意識的痛苦都有關聯。

如果我不願意認錯，就是否認自己的罪惡感，也就是否認痛苦，我會繼續認為我的痛苦是伴侶的錯，因而怪罪、排斥她。如果我能夠認錯，我就能原諒自己的錯誤，然後，伴侶通常也會原諒我。

你有沒有注意過，在爭吵時，很難表達感謝？再想一想，好像兩個人在一起的時間愈久，就愈少表達感謝。這並不是因為你的伴侶的所有優點都消失了——雖然看起來很像是這樣。事實上，是你不再為了對方的優點而心存感激。在你愈來愈少或完全停止表達感激的同時，伴侶的優點也都「憑空消失」了，這難道是巧合嗎？

也許是你心中不好的那一面，壓過了充滿感激的本性，於是你在潛意識中便抑制了感謝的心。想找出真相，只有一個方法，**特別是在溝通發生阻礙時——告訴伴侶，你有多感謝他／她**。

我知道這像是試著發動一輛很久沒開的車，但**你可以從一句簡單的話開始，像是「我很感謝你努力地想瞭解我」或是「你對我很重要」等表達對方重要性的真心話**，能化解阻礙，讓溝通變得順利。

從你表達感謝，到對方開始分享感覺所需的時間，也許會短得讓你驚訝。就算你覺得自己不能夠表達感謝，只要有心，你就能想出該說的話。

曾經有幾次，我感到非常生氣和受傷，實在不想主動求和，但是我心裡有一個小小的聲音告訴我，說一句感謝的話，對我們兩人都有好處，因為真心的付出，一定會有收穫。重要的是，我的心意是誠摯的，而且感謝的話能化解我們之間的僵局。

跟伴侶分享感覺，要逐漸深入。造成這些感覺的以往經驗，也要一併提出來分享，但是不要讓不相關的故事，擾亂了真正重要的感覺。**不要忘了向對方保證你的感覺不是他／她的錯，而完全是你自己的責任**。如果你覺得和伴侶之間充滿了平和的感覺，這就表示你的努力已收到了效果。

發生爭吵時，我的目標是和對方溝通，直到我們兩人發現彼此其實同病相憐，背負著同樣的痛苦為止。然後，我就可以選擇從痛苦中超脫。這是靈魂關係中兩人心靈合一的開始。一旦我瞭解到伴侶和我有相同的感覺，我們就在同一條船上了。從這一刻開始，用愛和尊重來互相扶持就變得非常容易，兩人之間的鴻溝——也就是所有衝突的根源——就可以慢慢縮小了。

一開始，我在用上述方法嘗試溝通的時候，失敗了無數次，一直無法得到理想的結果，所以對我來說，發現並改正錯誤，然後從頭再來，是很重要的。

所有的人在嘗試有效溝通的時候，都像小孩子一樣，得從頭學起，盡力而為，從錯誤中學習。一開始的嘗試可能會錯誤百出，但即使是失敗的嘗試，也能多多少少得到正面的效果，讓我們能保持希望和樂觀，繼續努力下去。

有時候，我們很誠心地完全照著綱要做了，卻發現事情一點改變也沒有。在這樣的時刻，牢記一開始的意向是很有益處的。然後，我可以問問自己，我是不是把什麼事都看得比完美地解決問題，還來得重要。

換句話說，比起解決問題，然後享受和諧的親密關係，是不是有什麼，是我更想要的？是想要證明自己是對的？不想承受難忍的痛苦？想要報復？還是害怕與人親近？

如果我真的想知道，我的心就會讓我明白自己執著的是什麼，然後我就能做出選擇，**把愛擺在這些執著之上**，並在溝通中，和我的伴侶更親近。

第四章　內省

「我對鏡中人說話，問他能不能改變自己的態度。」

——〈Man in the Mirror〉，麥可·傑克森

在生命中，我們早晚有一天會瞭解到，與知名影集《X檔案》的台詞相反的，真理「並不」在「外面」。

沒有人會滿足我們的需求，沒有人會讓我們快樂，也沒有人該為我們所受的傷負責。在外四處尋找之後，我們終於瞭解到，我們所有生活經驗的因和果只可能存在於一個地方——我們的心中。在靈魂的演化過程中，經歷幻滅之後，我們要經歷的下一步，就是我所謂的「內省」階段。

在我寫這篇文章的時候，我的女兒塔拉才五歲。她喜歡畫人，而且畫的主要是小女孩。她通常把小女孩畫得比房子還大。塔拉似乎把自己看得很偉大，這一點，從她的畫可以看得出來，但隨著她與外在環境的互動愈來愈密切，她可能很快就會失去這種「偉大感」。她會把房子愈畫愈大，而把小女孩愈畫愈小。

這讓我想起自己五歲時發生的一件事。那是天氣很好的一天，我坐在人行道的邊緣。忽然，我注意到外在的世界，覺得世界好巨大，而相對地，我自己則顯得很渺小。我還記得當時被憂鬱籠罩的感覺，幾秒鐘前還存在於心中的幸福、平靜感，一點一滴地消失了。

現在再回頭看這件事，我相信當時的悲傷是因為「夢醒了」。我注意到外在的環境，心中卻失去了一些東西。我也清楚地知道，是在這件事之後，我才慢慢注意到自己身邊所發生的事——像家人的情緒變化、朋友在我的世界中占有的一定地位，以及感到世界在一天天擴展等等。

事實上，我跟外在世界的接觸愈來愈頻繁，而從前只是隱約感受到的渺小感，現在已經成了我對自己的真實看法。與外在世界的接觸，讓我不斷追求愈來愈大的目標，這也許是為了找回小時候擁有，後來卻失去的「全能感」。然而，沒有一項成就或勝利能夠滿足我的渴望，而我最後不得不相信從前的「渺小感」是對的，我自己一點重要性都沒有，只不過是宇宙中小小的一個點而已。

親密關係讓你必須再次面對那種渺小的感覺，並驅使你瞭解真正的自己。在「內省」階段，這樣的過程將會非常劇烈，因為雖然這是親密關係中最難應付的一個階段，它卻能帶給你無價的禮物——那就是靈魂。從小我的觀念中解放出來的靈魂，將在這個階段展翅高飛，展現出它真正的力量。

現在你也許在想像，這麼重要的東西應該是藏不住的，因為靈魂的光芒會以令人振奮的、戲劇化的方式劃破黑暗，就算是最美麗的日出，跟這樣的光芒一比，也就像是手電筒的光一樣暗淡了。事實上，一般人在這個階段的體驗，是恰恰相反的。這也是我相信這是親密關係中最困難的階段的原因。

內省階段所包含的陷阱，比其他階段都多。這聽起來可能不怎麼令人振奮，尤其是當你想到之前的「月暈現象」和「幻滅」階段，已經有很多要努力的了。

我想向讀者（以及我自己）保證，內省階段並不是親密關係的終點，除非你希望它是。有時候親密關係必須結束，因為它已變成一種虐待，或因為兩人處在瓶頸狀態已經太久了。也可能因為兩個人已經達成共識，是該向前邁進的時候了，只不過，是各走各的。

我並不認為親密關係應該持續一輩子。但是如果在你的內心裡，希望現在的親密關係或生活現狀能夠持續下去，那麼也許本章的內容能夠給你一些靈感。

好的，不好的，醜陋的……和神聖的

「既然要愛，就要愛他的全部。」——佚名

讓我們來複習一下親密關係的歷程：以下這個簡單的圖表（見一八〇頁），描述了一個人在與伴侶變得愈來愈親近時所經歷的階段。

一個人有可能度過了親密關係的前三個階段，卻仍不明白在靈魂的層次上發生了什麼事——我親身的經驗就是這樣。如果你不願意對自己的人生負責，繼續忍受不愉快的經驗以享受愉快的時光，日子一樣可以過。就算你在前幾個階段都已充分利用機會，也不保證你能夠順利地度過下一個階段，不過你的成功機率確實可能增加。

當你在幻滅階段，將自己磨練成為溝通專家，並能平靜面對痛苦之後，你會變得更成熟、更自覺。在你進入內省階段時，這個因素會對你非常有幫助。但內省階段有其獨特的

好的

月暈現象 感情 浪漫

對愛的需求所導致的興奮

靈魂的層次：得到一份禮物或經驗 遇到「老朋友」

不好的

幻滅 權力鬥爭

控制 操縱 舊痛浮現

靈魂的層次：溝通 原諒 決心對自己負責

醜陋的

內省 魅影 犧牲的模式

倦怠 抑鬱 懷念從前的絢麗浪漫

排斥伴侶或被排斥 死亡的誘惑

靈魂的層次：明白自己的方向 發現小我的詭計 產生決心

以靈魂為中心的親密關係

啟示 第一個守關的保護神 分辨

情緒、心靈和人格開始整合

充滿愛的親密關係 目標 終生努力 見解

元素，是在其他階段所沒有的，因為親密關係的精神生命是從這裡開始的。

我從前的觀念是，有好人和壞人的存在，對、錯都是絕對的，而婚姻則是一人貢獻一半。雖然要改掉這些觀念很難，但我還是慢慢開始相信，**除非我能對親密關係中的所有事情百分之百負責，否則我永遠不可能快樂**。而且，如果我不願意面對自己心裡的所有事，我就沒辦法達到完全負責的目標。

「內省」是檢視自己內在所有想法和感覺的過程，其終極目標是讓你能和自己內在的事物和平相處，並且用愛來面對它們。在這個過程中，你也會發現，在追求快樂的時候，是哪些事讓你產生了好人與壞人、對與錯，以及一人一半的想法。

在內省的時候，如果你沒有決心，你心中負面的部分就會投射到你外在的親密關係中。你的伴侶會自然而然地接收你心中醜惡的事物。然後你就只剩下這幾個選擇：逃避這些醜惡的事物、試著毀滅它們，或把它們從你的生命中排除掉（你知道這樣會把誰也一併排除吧！）。

有一件事是很確定的，如果無法承認這些醜惡的事物是你的一部分，你就沒辦法去愛它們，因為你無法愛跟你無關的事物。

誠心檢視反映在伴侶身上的「你的內心世界」，可以讓你真正地、心平氣和地瞭解你自己。即使你所發現的事物，一開始可能顯得醜陋不堪，它卻也讓你得到了一個機會去瞭解，在你心中，沒有什麼事是你不能去愛的。愛能讓從前你覺得醜陋的事物，也轉變成愛。**對自己百分之百地負責，不但能讓你的親密關係起死回生，還能讓一部分的你——你認為早已死去或從未存在過的那部分——也活過來。**

讓我們再回頭看看「親密關係是一人貢獻一半」這個古老神話。親密關係是不能一人一半的，因為這表示你只需付出百分之五十的努力，也就是說你只有一半的時間在為親密關係努力及付出。這樣是不夠的。如果你相信對親密關係，你只需負一半的責任，那麼即使你能付出百分之百，實際付出的，卻也只有百分之五十。

既然你所看到的一切都是你內心世界的投射，你將會發現伴侶也只付出百分之五十，這樣一來，你們兩人都會堅持自己已經做了自己該做的那一份，卻指責對方不肯盡全力。

在內省階段，你將有機會去瞭解到你和伴侶之間有著密不可分的關聯。你會發現：**你對待伴侶的方式，事實上就是你對待自己的方式**。你接下來的首要任務，就是接受並整合自己不好的那一面，停止爭執並提供支持。

在伴侶有無力感時，誠心地鼓勵他／她，並且在相處時，保持明辨是非的態度。不要讓自己變成迫害者，不要好壞不分；要給予伴侶力量，但不是同情，和伴侶分擔人類共有的空虛感。內省的階段讓我們瞭解的是：**你對伴侶付出什麼，就是對自己付出什麼**。這個涵義的一字一句，都像是用星星的碎片寫出的一樣鮮明。

一旦進入了這個階段，你就會遇上最使人衰弱的偏差行為，那就是「自我放逐」。

自我放逐

「沒有人會注意，也沒有人會關心。真悲哀，沒錯，事情就是這樣。」——《小熊維尼》中，驢子屹耳（Eeyore）在大家都忘了他的生日時說的話

基本上，我們在親密關係中有兩條路可走：

第一條是無止境地追逐需求。如果有必要就操縱他人，能拿什麼，就盡量拿，並在其他方法都失敗時，選擇妥協；

第二條路是藉由以下的方法來瞭解真正的自己：放棄期望，用溝通來達成讓雙方都滿意的結果，以及永遠把自己與伴侶的快樂一併當作優先的選擇。

大部分的人都時常在這兩種方法之間遊走。但如果我們順著第一條路——也就是注重個人需求的路——不斷走下去，我們就會對伴侶有所要求，會與伴侶爭吵，或試著控制對方

等，但需求還是不會得到滿足，而我們的氣餒、沮喪感也就與日俱增。最後這一定會造成「自我放逐」的行為。

如果你在小時候曾經遇到十分深重的沮喪感，讓你認為不管怎麼努力，你都無法讓周遭的人來滿足你的需求，那麼你可能會乾脆選擇放棄。從那一刻起，你就會認為，你所有的努力最後都是白費，你會想：努力試著引起別人注意，試著贏得別人的讚許，試著讓別人邀請你成為他們的一分子，試著贏得別人的愛……這一切有什麼用嗎？乾脆放棄，並且希望別人都不會來打擾你好了。自我放逐的程度，會因不同類型的人而不同。

既然你沒有得什麼心理、精神或生理上的重大疾病，這就表示你早已發展出應付心碎的方法。在情感上疏遠，沒有滿足你需求的人，讓你得以免於心碎。在否認、遺忘創傷之後，你又站了起來，並且適應了新的世界。在這個新世界裡，希望需求能夠得到滿足，只要你能夠找到對的人就可以了——也許是藉由卓越的成就、不斷的努力，或純粹只是走運。

在青少年時期，你尋求自我肯定及重要性的對象，可能是夥伴、團體。成年之後，你尋求滿足的方式，可能轉為和可以共度一生的伴侶建立親密關係、尋求精神導師、努力工作、信仰宗教、社交生活、創業或乾脆當一個尋求靈性提升的流浪者。

不管用哪一種方式，有一天，你很有可能又會有想放棄這個「愛的來源」的念頭。當強烈的無力感壓得人喘不過氣時，幾乎所有的人都會把放棄當作一個聰明的，甚至是救人一命的抉擇。

最能讓人有這種念頭的，正是親密關係，因為親密關係能讓人回想起最深刻的生活體驗。**你和伴侶愈親近，就愈可能想起小時候的無力感**——這種感覺的形成，是因為你相信自己不夠重要，所以媽媽、爸爸或其他家人才不愛你。

絕大多數的親密關係都會讓人多多少少有失敗的感覺，因而覺得非常氣餒。愛和接受所帶來的溫情，也許十分缺乏；兩人之間的交談也許缺乏生氣、沒有益處，就算是能誠心溝通的人也一樣。也許空氣中瀰漫著困惑，也許方向感已經迷失或混淆了。在這種時刻，你心裡也許會浮出一個聲音，對你說著連你自己都不敢相信自己會有的念頭：「也許一切都結束了。」

當我和妻子遇到看似無法穿越的牆壁時，有好幾次，我也曾經聽到這種令人沮喪的聲音。雖然只要假以時日，我們就能突破這道牆，而到達更美好的境界，但下一次，我們再遇到牆壁時，這個聲音會變得更有說服力，而沮喪與無力感也變得更加真實。這是因為在解決了一個階段的沮喪與無力感之後，我們就已經為即將到來的更深沉、更具破壞力的下一個階段，做好了準備。

在親密關係中，因為失敗和無力感而想要放棄的這種經驗，是一個清楚的指標，表示內省的過程已經開始了。這是大揭祕的時刻，偶像和理想將會瓦解，疑惑會增加，幻想則會消散。

如果你是把伴侶當作提供你個人滿足的工具，那麼你現在就很可能會下一個結論，認為你要不就是選錯了人，要不就是愛的火花已經熄滅了——總而言之，是該離開的時候了。

但如果你把親密關係當作學習無條件的愛的途徑，那麼你的決心就能讓你度過「不可能的難關」，而體驗到更美好的快樂和親密。在這個階段，有一些關卡確實像是不可能完成的任務。潛意識中的陷阱好像數也數不清，而你的努力好像都是白費。要想突破這些看似固若金湯的障礙，我們必須學會「穿牆而過」的藝術。

穿牆而過

「石牆並不構成監獄，鐵柵也不構成牢籠。」——理查・洛夫萊斯（Richard Lovelace，英國詩人），〈獄中致阿西婭〉（To Althea in Prison）

當我的婚姻第一次走到這個階段時，我不禁開始嚴重懷疑親密關係是不是都註定了要失敗。即使我和妻子在愛、親密、信任和尊敬等方面都大有進步，我們的親密關係還是有陷於停滯狀態的傾向。日常的例行事務、潛意識的習慣，再加上逃避衝突的傾向，經常企圖在我們之間製造嫌隙。

同時我也認識一些並不逃避，反而選擇衝突的夫妻，他們覺得權力鬥爭比死氣沉沉還來得好些。最後我發現我和伴侶之間這道堅固如山的障礙，已經把我逼得無路可退了。於是，我不得不開始思考，是不是親密關係都不能長久，還是我選錯了人，再不然就是有什麼事是我必須學習的——而且要快！

用我父母的親密關係來做借鑑是沒有用處的。小時候，我家裡很窮，父母有八個孩子要養，還曾經因為第二次世界大戰而分隔兩地，再加上來自社會及宗教的壓力，以及酗酒的問題，考慮到所有的因素，他們還能維持住婚姻，真的已經很不簡單了。他們都盡了自己最大的努力，但我很懷疑他們到底有沒有穿越兩人之間的牆壁。我清楚地記得，有一段時間，他們幾乎不和對方說話，還分房睡。

幾年前，我曾在報紙上讀到一篇文章，說北美洲的婚姻中最大的祕密，就是有許多夫妻是分房睡的。我從這篇文章中得到了一點邪惡的快感，慶幸雖然我和妻子之間有些問題，但還沒有到分房睡的程度。

不過，我的小小快感並沒有維持很久，因為我瞭解到，如果我不能克服這種停滯狀態，以及想要放棄的念頭，光靠我的驕傲，是無法挽救我們的親密關係的。我必須回答幾個重要的問題：

1　為什麼在親密關係中想要愈來愈親近，是那麼困難呢？

2　為什麼我老是遇到障礙，而且覺得自己很失敗呢？

3　我該怎麼突破這道牆壁呢？

你可能也有同樣的經驗，也許是在親密關係上，或工作、創造力、靈性和對自己的感覺等方面。

以下是「被牆困住的生活」所具有的一些症狀：

· 難以捉摸的倦怠感。
· 無聊。
· 精神、心理或生理上的疲倦。
· 生病。
· 困惑或失去重心。
· 對大部分事物都失去興趣，特別是對伴侶。
· 有放縱自己從事不需動腦的娛樂或追求感官享受的傾向，甚至成癮。
· 上癮的行為變本加厲。
· 過度的幻想或作白日夢。
· 性生活死氣沉沉（包括性功能障礙）。
· 令人沮喪的無價值感。
· 排斥伴侶或覺得被伴侶排斥。
· 外遇或三角關係。
· 想逃離、放棄，甚至想死。

・沮喪，對生活失去熱情，或覺得自己或親密關係已經燃燒殆盡。
・忙碌——你很忙或伴侶很忙，這樣能讓你們很自然地避免花時間在一起。
・自我放逐，覺得不管你怎麼做，都不能改變什麼。
・其中一方訴請離婚。
・其中一方想殺死對方。

在內省階段中，遇到無形的牆時，生活可能會變得十分艱難。這是毋庸置疑的，但人類似乎有讓困境更加惡化的傾向，因為我們會用最不健康的方式來面對逆境。人們會這樣做，有一個主要原因是：當一個人被牆壁擋住去路時，他／她總會認為親密關係出現了無法補救的問題。通常就是在這種時刻，案主會對我說，一開始決定和對方結婚就是個錯誤。

以下是他們所提出的一些解釋：

・我沒有真的愛過他，就連我們剛認識時，也沒有。
・我跟她結婚只是因為厭煩了約會。
・他事實上沒有我想像中那麼熱情。
・我們結婚的理由，沒有一個是對的。
・她剛好出現在我失戀、心情低落的時候。事實上，我仍然愛著安妮。

· 我以為他跟我結了婚、安定下來之後會改變。
· 我是中了她的計，才會娶她。
· 我們結婚的時候，兩個人都太年輕了。
· 是雙方父母逼我們結婚的。
· 除了她，就沒有別的人願意跟我在一起了，所以我只好娶她。
· 我結婚只是為了逃離我的家人，不管嫁給誰都好。

前面這些理由雖然說詞不同，但所傳達的意思卻是相同的，那就是：這是個錯誤，我們一開始就不應該結婚。當然不是每個人都會對當初與另一半交往的原因放馬後炮。有些人並不後悔結婚，而只是對目前的親密關係不滿，他們的抱怨往往是這樣的：

· 我已經不愛他了。
· 我們之間已經沒有火花了。
· 我覺得好像跟我媽住在一起一樣！
· 我們沒有什麼共同的活動了。他整天看報，我則是看電視。
· 我覺得我好像嫁給了爸爸。
· 我們的親密關係讓我有幽閉恐懼感——我覺得不能呼吸！
· 我們已經不知道該怎麼跟對方說話了。

．我厭煩了老是當犧牲、奉獻的一方！
．她已經不是我娶的那個女人了。
．喂，性愛怎麼不見了？
．愛火已經熄滅了，我想是該離開的時候了。
．到底發生了什麼事？我們哪裡做錯了？

以上這些敘述，讓人不難感覺到，在親密關係遇到牆壁時所造成的深切的失望、挫折和倦怠感。不管兩個人在社交場合，如派對、工作場所或聚會時表現得多有活力，只有在兩個人私下相處的時候，才能真正看出兩人的親密關係到底處在怎樣的停滯狀態。停滯、死氣沉沉、缺乏興趣或燃燒殆盡的感覺，是親密關係遇到牆壁時最早出現的信號，這時候我們必須開始內省——或「尋找靈魂」——才能讓親密關係繼續成長。

如果你現在就身處這種情形，或是將來遇到的時候，你必須非常謹慎地選擇回應的方式。也許這說法很難讓人相信，**其實親密關係出現停滯狀態，意味著你的生活即將發生很大的變化，變得更好**。我在親密關係、工作、友誼，以及自我成長等方面，都度過了許多被牆所困的日子——所以我對這道障礙的一磚一瓦都非常熟悉。我發現，要在牆的陰影下過多久，總是由一個選擇來決定。

說實話，我一直覺得自己是有選擇權的：我可以留下來繼續受苦，或者溜之大吉——跑！快跑啊！最後我才瞭解，我其實不必一再逃離親密關係、辭職或逃離讓我覺得受到阻礙的事物。

有一條路可以「穿越」障礙，它是一個選擇，是在我身處兩難處境之外的另一條路。要充分瞭解這個選擇，讓我們先來看看這道「牆壁」到底是什麼。

我給這道牆起了個名字，叫做「受害者監牢」。

受害者監牢

「來吧，讓我們前往監牢。雖然只有我們兩個人，我們還是可以像籠中鳥一樣歌唱。」——莎士比亞，《李爾王》

個人感覺，「受害者」這個詞讓我很不舒服，因為它讓我聯想到虛弱、無助和恐懼，而我並不願意承認自己心裡有這些感覺。然而，這是我能想到的詞當中，最適合解釋為什麼在旁觀者看起來很容易解決的問題，卻能讓當局者身陷其中而走不出來。

當遇到一個問題的時候，你只能用三種身分來看待它。美國心理學家卡普曼（Stephen Karpman）設計了一個簡單的模型，叫做「戲劇三角」（the Drama Triangle）。我採用了這個模型的基本概念，並對它做了小小的修改，來配合本書的內容（見一九六頁的圖表）。

如果這個問題不存在，我會有怎樣的感覺？

——想像——寬恕——允許　　——驚奇——玩耍
——分辨——瞭解——信任　　——接受——行動步驟

卡普曼三角

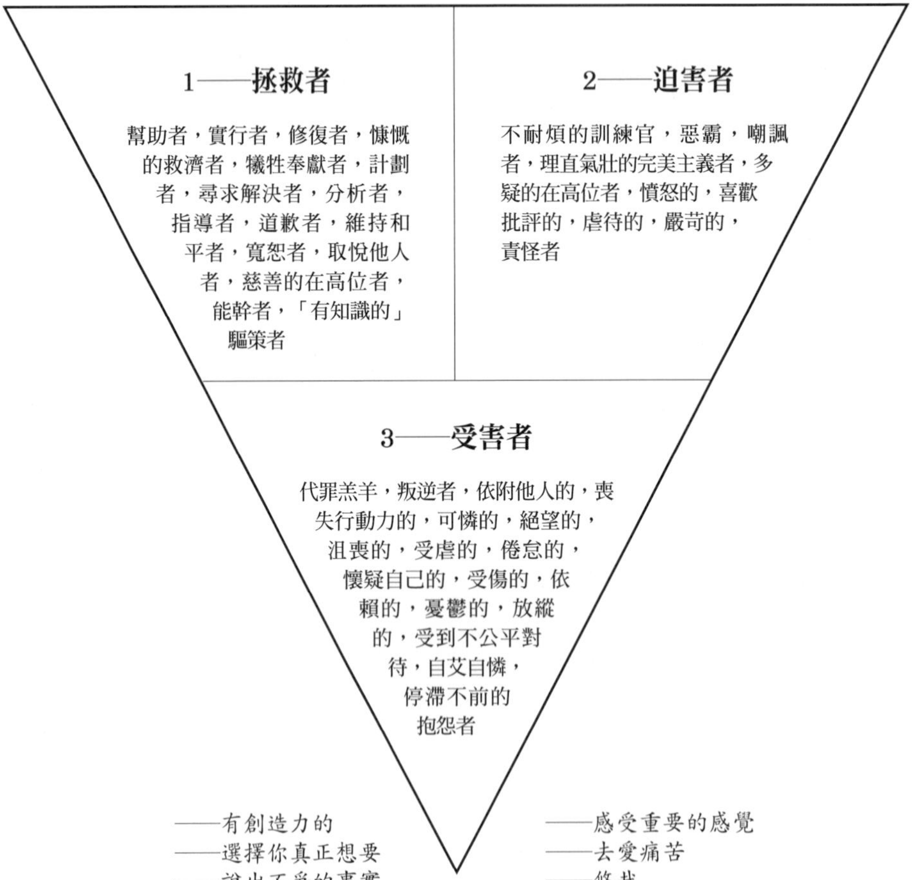

——有創造力的　　——感受重要的感覺
——選擇你真正想要　　——去愛痛苦
——說出不爭的事實　　——悠哉

遇到問題的時候，你首先會採取的位置是「受害者」，即使只是短短的幾秒鐘。受害者也必須與龐大的力量對抗，但是除非有外力「奇蹟般地」出現來幫助受害者，否則單憑自己的力量，受害者幾乎沒有成功的可能。

受害者經常覺得被問題壓得喘不過氣來，甚至到完全癱瘓的地步。還有其他指標可以讓你知道你已經成了受害者：恐懼、自悲自憐、有抱怨的傾向，或覺得自己被當成代罪羔羊──為了你不曾犯下的錯而受罰。受害者的其他特徵，在圖表上有詳盡的描述。

當一個受害者，實在是一點也不好玩。處在受害者的位置，不管時間長短，都會讓你害怕再次受到不平等待遇、被處罰，以及其他形式的犧牲。畢竟，一個受害者除了被犧牲以外，還能對自己的生命有什麼期望呢？

於是，人類處理問題的機制，會驅使你採取一個比較好的位置來處理你的問題。這時候，「迫害者」的角色就登場了。心存責怪、自認優越、追求完美的迫害者會憤怒地設法逃離痛苦，於是他會把問題怪罪到別人的頭上。

只要你可以找到人來怪罪，就可以不被懲罰──至少可以暫時躲一下。這在運動競賽中經常發生。輸的那一隊（受害者）通常會非常懊惱（迫害者）。你會看到他們責怪裁判不公，攻擊對方球隊中他們認為「作弊」的球員，或是批評自己的隊友所犯的錯誤。但是最後，每個隊員都必須把計分板上的敗績扛在自己的肩膀上，一路走回更衣室。進到更衣室後，受害者會捫心自問，並且責怪自己「表現不夠好」，不能讓球隊得到勝利。

但是你為什麼要迫害自己呢？純粹是因為你已經沒有人可以怪了，而迫害自己可以讓你不必感受當受害者的悲慘。你是否曾經在犯錯的時候，抽自己嘴巴或打自己的頭呢？你會不會因為一個小疏忽而罵自己笨，或對自己罵個不停？這就是你心中的迫害者在壓抑你心中的受害者，同時也驅策你進步。

堅持完美主義的迫害者認為，受害者的不完美是所有悲慘之事的肇因。憤怒則讓你得以否認所有痛苦感覺的存在，而強迫心中的受害者站起來繼續努力，追求進步。迫害者用理直氣壯的態度來鼓舞自己，讓自己跟軟弱的受害者保持距離。

但是即使這樣，你仍然過得很慘。雖然有些人並不介意一直活在憤怒和嚴苛的完美主義之中，但大部分的人還是希望過得快樂一點。這也就是「拯救者」現身的時候了。

現在想像一下，如果你覺得肩膀痠痛，你會做的第一件事是什麼？你可能會用手找到痠痛的位置，並且按摩那裡。如果痠痛真的很嚴重，也許你會找別人來幫你按摩。你也可能會尋求脊椎按摩師、物理治療師或醫師的幫助。

你並不知道造成痠痛的原因，但你會試著改善痠痛的情形。而當你在尋求解決方法時，你可能會偶爾抱怨一下（受害者），甚至對造成痠痛的可能原因——像是枕頭或床墊太軟——生氣（迫害者）。但是你現在最關心的事是把痠痛治好（拯救者），因為你只想讓痛苦消失——即使你永遠不會知道造成痛苦的原因。

我們心中的拯救者所做的事，就是努力地讓我們處在沒有痛苦，也沒有問題的理想境界。拯救者最正面的態度，是除了同情受害者之外，也同情迫害者，並提供有益的忠告。身為一個高高在上的慈善者，拯救者會犧牲奉獻，「隨傳隨到」，好像他自己都沒有需要處理的問題。

拯救者會用分析、周密的計劃、容忍和卓越的道德感，來幫助受害者站起來，並繼續向前走似的。拯救者樂觀地相信，受害者有一天一定能恢復獨立，不再需要別人的幫助！拯救者總是努力地設法平息迫害者的憤怒與不滿。

許多人都不明白，**其實拯救者的態度才是讓受害者保持軟弱無助，且讓迫害者得以放縱脾氣的原因**。有受害者和迫害者的存在，拯救者的存在，才有其必要。

當生活中出現問題時，你可能會在「受害者監牢」裡不斷轉換角色。在選定自己的角色之後，再藉助周遭的人來填補另外兩個空缺。有時候你會改變角色，而使得另一個或另兩個人，也跟著玩起大風吹遊戲。

不論何種方式，你都會體驗到自己心中同時存在監牢中的三個角色，或看到這幾個角色投射在外在的世界。

舉個例子來說，有一天早上，我醒來時覺得肩膀很痠（問題）。我爬下床，喃喃自語地抱怨（受害者）。在我走往浴室的途中，我開始對自己的身體生氣（迫害者），並且開始猛力按摩肩膀（迫害者／拯救者）。洗澡的時候，我用熱水沖肩膀沖了很久（拯救者）。洗好之後，我坐在床上向妻子抱怨（受害者），然後妻子開始替我按摩肩膀（現在她成了我的拯救者），並且對我說一定是床太軟的關係（迫害者），應該換一個新的（拯救者）。接著，我打了電話，給幾個專業的「拯救者」——按摩師和脊椎按摩師，並花了一個月的時間，接受他們的治療。

就這樣，我讓自己一直待在「受害者」的位置。但是，至少我是一個有誠意的受害者吧！我注意自己的身體，而且用我認為合適的方式來照顧它，包括吃止痛藥、用肌肉鬆弛劑（拯救者），以及尋求更多的專業治療。一位藥草師小小地批評我（拯救者／迫害者）運動過度，而且糙米吃得不夠。

然後有一天，我去找一位物理治療師。很巧，這位治療師有不尋常的直覺，你猜她對我說了什麼。她說我的問題並不在肩膀，而是膽囊的問題。是膽囊透過某些組織與肌肉間的奇怪關聯而影響到我的肩膀。

於是接下來的兩個月，我都讓這位物理治療師來治療我的膽囊。在經過長期治療之後，她對我說，她能做的都已經做了，但是就她看來，問題的原因是在心理層面。她建議我去找心理諮商人員談談。

「等一等，」我心想，「我自己就是心理諮商人員啊！」在肩膀痠痛了四個月，看遍各種醫師之後，我又回到了原點。這期間，我所想的只是怎樣讓身體恢復正常，卻忽略了身體的警示——**身體要告訴我一些重要的事，疼痛只不過是引起我注意的方法而已！**

在親密關係的內省階段，你有機會瞭解到問題其實只是個指標，它指出遠比受苦的人本身還要重大的事物。你得到了離開「受害者監牢」，並且瞭解真正自己的機會。問題是，當到達內省的階段時，你往往已經由於不斷的角色轉換而無法集中注意力，而且身心俱疲。到這個時候，你已經完全把內心的監牢投射到親密關係上了。換句話說，你現在把親密關係看作監牢。

在這個時候，你的拯救者往往已經非常疲憊了，只要看看你自己或伴侶就可以知道——你們其中一人已經又累又失望，再也沒辦法為了「讓親密關係成功」而付出了。

當你們對望的時候，其中一人可能會立刻變成迫害者，因為只要一看到對方就覺得討厭。另外一人則很可能用沉默或明說的方式，來抱怨（受害者）對方缺乏關懷、熱情、溝通，或不關心兩人的感情現狀。

還有些時候，其中一人怎樣也不肯承認有問題存在（拯救者），而讓另一人覺得自己好像被施恩惠、不被傾聽、被忽視或被遺棄（受害者）。這卻也是你們向對方尋求慰藉（拯救者）的時刻。

會發生這樣的結果，其實早在「月暈現象」的階段就有跡可尋了，只不過當時被浪漫沖昏頭的你，一定會否認或忽視這些警告。

而到了「幻滅」的階段，扮演受害者、迫害者或拯救者的傾向會變得更明顯，但你的回應方式往往傾向於用操縱的力量來改變對方，而不是為自己的「受害者監牢」模式負責。

如果是這樣，那麼等到「內省」的階段，一切似乎都顯得太遲了。你可能早已深陷在無益的互動模式裡，在你的受害者監牢裡建起保護自己的壕溝（或自我麻痺），而安於這種舒適狀態，很快你就會相信，除了分手，沒有更好的解決方法了。事實上，你是有另一條路可以選的。

我曾經體驗過脫離監牢之後的牆外的生活。我並不是以懂得公式的拯救者身分來說這句話的。親密關係是沒有公式的，因為每個人都是獨特的，沒有哪一種方法可以適用於所有人。不過，雖然每個人都是獨特的個體，但還是有一些原則是共通的。

這些原則如下：

1 要解決問題，必須先跳脫問題的框架。

2 所有的問題，其實都是經過偽裝的禮物和寶貴經驗。

3 你所看到的每件事，都是你內心世界的投射。

4 每個人都有能力，為自己生活中遇到的事百分之百負責。

5 自由並非來自答案，而是來自問題。

6 沒有什麼問題，是大到愛無法解決的。

如果逐條檢視這些原則，你可能會像我一樣，發現自己在遇到問題時，經常犯的大錯誤：

1 要解決問題，必須先跳脫問題的框架

榮格常說，問題不能被解決，但人可以成長，進而跳脫問題。愛因斯坦在物理學上也有類似的觀點：要解決問題，必須先跳脫問題的框架。

扮演拯救者的時候，你以為自己可以想出辦法，來解決所有的問題，但事實上，拯救者本身也是問題的一部分。因為這樣，所以你會相信世界上真的有受害者，他們如果得不到幫助（包括經常聆聽我們祈禱的「神」），就沒辦法突破自身所受的限制。這等於否認了一個非常重要的可能性：**每個人的心中都擁有他們所需要的所有事物**。

其次，拯救者只不過是受害者所創造出來的人物。創造拯救者的目的，是為了逃避痛苦、感覺自己很重要，以及得到「正面」的感覺。拯救者的存在，恰好能與迫害者及受害者的負面特性產生互補的作用。所以，拯救者是為了應付問題才產生的，因此他永遠只是問題的一部分。他會四處尋求答案，但他能仰賴的只有舊的「知識」，所以他依賴的是過去，而不是當下的決斷。

讓我們來看一個實例。有一次，我不小心用一把鋒利的刀割到自己的大拇指。我一時之間不知道該怎麼辦，只能依賴小時候得到的知識，於是我把拇指放進嘴裡吮吸。然後我又想起來，沖冷水也有幫助，所以我就把拇指放在水龍頭下用冷水沖。

這兩種方法，對我當時的傷口都只有壞處，沒有好處。最好的辦法應該是在傷口靠近心

臟的那一邊施加壓力，但是我心中的拯救者，並沒有這樣的常識。他只能依賴舊有的模式來試著解決問題。

突然，我心中有一個聲音對我說，最好找個救兵。於是，我打電話給一個受過紅十字會訓練的鄰居。在我昏倒之前（我割到了神經），她及時趕到，用正確的方法幫我處理了傷口。

除了問自己之外，我必須另外打開一個知識來源，才能學會正確的處理方式。面對所有無法解決的問題時都一樣。問題不能夠解決，是因為我們在非常有限的知識來源中尋找答案，卻不懂得運用我們的想像力和直覺來突破問題的框架。只依賴舊有的知識，人們永遠沒辦法成長——唯有吸收新知識，才能成長。

2 所有的問題，其實都是經過偽裝的禮物和寶貴經驗

你也許已經注意到了，每次妥善地解決問題之後，你都能學到一些重要的東西，生活也變得更豐富了。

也許你變得更自信、更聰明，學會相信生命，或是發現了自己的一項天賦。如果你沒有得到（或不懂得珍惜）一份禮物或寶貴的經驗，往往是因為這個問題讓你失去的事物，是你不肯放棄的（這種現象最常見於失去了至親的人身上）。

在解決問題、得到禮物或經驗之後，我瞭解到，**生活中出現危機的原因，其實是因為靈魂要發放禮物或經驗**。

每當靈魂向它的目標邁進一步，危機就會發生。至於靈魂的這一步所造成的痛苦會有多深，完全視我願不願意降服而定。如果問題會讓我失去些什麼，而我卻不願意放棄，那麼我就會與問題對抗；而與問題對抗，就會耽擱我得到靈魂贈禮的時間。如果事情這樣發展，那麼我就只得受苦了。

曾經有幾次，在遇到問題的時候，我會問自己的靈魂，是不是有什麼禮物或經驗要給我。我很快就得到了答案，並決定接受這份禮物。做了這樣的決定，就能大幅縮減解決問題、得到禮物所需的時間。

我相信其中的原因是，遇到問題時，我總是習慣於用憂慮、緊張、恐懼、慌張或是完全的恐怖來面對。**恐懼的反應帶來的則是掙扎、疑惑、拖延，以及抗拒問題**。這樣一來，我就會耽擱許多時間，才能解決問題。

然而，如果心中能將精神集中在即將得到的禮物上，就能產生希望和信任，它們會安撫我的恐懼，讓我用有效的方式來處理問題，而不受迫害者或拯救者的影響。

3 你所看到的每件事，都是你內心世界的投射

如果你覺得伴侶在迫害你，不管是用攻擊、批評、責怪、嘲諷或其他的方式，那麼請仔細地聆聽伴侶對你說的話：有什麼是你心裡的批評家沒有說過的嗎？如果伴侶是拯救者，那麼他／她給你的忠告，有什麼不是這麼多年以來你沒有告訴過自己、而又拒絕了的嗎？而如果伴侶扮演的是受害者的角色，那麼你難道不覺得對方和你自己——即使是很久以前的、早已被遺忘的小時候的你——很像嗎？是不是你無法接受的那一部分自己，在很久以前被你埋葬，現在卻反映在伴侶的身上呢？

在所有挑戰中，「受害者監牢」的三個層面都會存在。人們會扮演你在「戲劇三角」中的角色，這反映出由你的心智所創造的陷阱。

有時候你會扮演迫害者，用理直氣壯的憤怒來攻擊伴侶。有時候你會分飾拯救者和迫害者兩角，試著用「野蠻的愛」，把你的受害者伴侶從困境中解救出來。或者你也可能扮演拯救者，盡一切力量去鼓舞你的受害者伴侶。有時候你會變成受害者，向你的拯救者伴侶求救，但伴侶突然失去了耐心，轉換成迫害者的角色。還有些時候，你扮演的受害者會一面求救，一面卻又拒絕接受幫助。

如果檢視一下受害者、拯救者和迫害者表達自己的方式，你就會發現，三者之間可能發生的互動情形，有數不盡的排列組合。但如果你能瞭解，**監牢中的這三個角色都是你內心所創造出來的**，那麼你就能不再扮演受害者。這樣你就能明白，**你自己就是問題的原因**

——是你的靈魂往前邁進了一步，所以讓現狀起了大變動。然後你就可以選擇，是要和靈魂合作，還是要繼續玩受害者／迫害者／拯救者的遊戲，而讓問題繼續存在。

4 每個人都有能力，為自己生活中遇到的事百分之百負責

只有當你願意為發生在自己身上的事完全負責的時候，你才能得到選擇的力量。我並不是以一個總是百分百負責的人的身分在說這句話。不同的時刻，選擇也會不同。然而，一旦我確定了意向，決定要完全為自己生活中的事負責，我就能得到平靜和清明的心智，做出對每個人都好的選擇。對問題百分之百地負責，能讓你得到力量，跳脫三角監牢，跨入自由的天地。

我把責任的態度，劃分成以下幾個階段：

①這個爛攤子是別人的責任，所以應該來收拾殘局的是他們。

②這個爛攤子是別人的責任，所以他們是壞人，我只是個無辜的受害者（事實上，「無辜的受害者」是個矛盾的詞——當我們成為受害者，便不再無辜了）。

③這個爛攤子是別人的責任。現在，雖然受害的是我，我卻必須收拾殘局。

④這個爛攤子是我造成的，可是我實在沒辦法控制自己。

⑤這個爛攤子是我造成的，可是我可以超脫這種情形。

⑥這真是個爛攤子。我該怎麼處理呢？

⑦爛攤子在生活中經常會發生（聳聳肩）。你要學會怎麼處理。

⑧這個爛攤子不是任何人的錯。我有能力處理它，並在過程中讓自己成長。

⑨這個爛攤子是我引來的。現在我可以做出對自己較好的選擇。

⑩我創造了這個爛攤子。

這個爛攤子是我的一部分。

我得到平靜了，真的！

在我們因瞭解而成長後，「責任」這個詞的涵義，也從罪惡和羞恥變成「回應」和「自由」。

5 自由並非來自答案，而是來自問題

《從已知中解脫》《*Freedom from the Known*》是一本記錄了克里希那穆提講道內容的好書。書中指出，我們已知的事物並不能讓我們得到平靜，或讓我們瞭解自己是誰。只有在我們把誤認為是「知識」的答案都拋開時，我們才能得到無限伸展的自由。

從小，我就覺得上學很無聊，除了高中時的一堂歷史課之外。我們的老師韋納先生要求

我們質疑有關時事、政治、歷史，以及學校的、一直被我們視為事實的所有事物。他堅持的理念是，要得到真正的知識，必須提出問題、超脫已知事物。

到那時為止，我在學校所學的大部分知識都是別人提供給我（有時甚至是硬塞給我的），要我背下來的東西，我並沒有發問的餘地。然後，韋納先生出現了，他問了一個我無法回答的問題：「你怎麼知道，你現有的資訊和知識是不是真的？」

一旦離開了「受害者監牢」，你就能自由地體驗純真的生活，不受信念的限制。你可以真正地瞭解自己。「你必須瞭解真理，真理會讓你自由。」

瞭解自己的過程，從問問題開始——探詢在信念之外的其他可能性的問題，如：

- 「這件事的事實是什麼？」
- 「有什麼禮物或經驗，是我的靈魂想藉著這件事賜給我的嗎？」
- 「我該怎樣才能平靜地接受痛苦？」
- 「有沒有什麼能解決衝突的、不爭的事實，是我可以向伴侶表達的？」
- 「我真正想從這個狀況中得到的是什麼？」
- 「我該怎麼去愛我的伴侶？」
- 「我現在所能感受到的最重要的感覺是什麼？」

- 「我現在該採取什麼行動？」
- 「我是不是該寬恕什麼人？」
- 「我該從這個狀況中瞭解到什麼？」

以上是這類問題的幾個例子。如果能用天真無邪的心來問這些問題，你就能從已知中解脫，進入直覺——靈魂思想——的領域。一旦進入了這個領域，你就能找到解決問題的最直接的方法，並體驗到自覺的愛。

我提出的問題大都是以「什麼」或「如何」為關鍵詞，但也可以用「誰」、「何時」或「何地」來構成問句。

有一個在使用上必須特別小心謹慎的詞是「為什麼」。這是受害者在抱怨或表達無力感時最愛用的詞，而且一個「為什麼」常會引來更多的「為什麼」。我並不是說這個詞少用為妙，如果用純真的心來表達，這個詞跟其他的疑問詞是具有相同效果的。

6 沒有什麼問題，是大到愛無法解決的

這項原則不需要解釋，只要我們能真心相信自己的靈魂就行了。

我改編過的卡普曼三角形，用來說明人類的「自我」所創造的，導致親密關係中出現嫌隙的陷阱，是再清楚、簡單不過了。

為了消除嫌隙，我們必須做出自覺的選擇，與伴侶、朋友、親戚，甚至陌生人更親近，而這是身陷三角監牢裡的人所做不到的。這是因為不管你選擇三角形中的哪一個位置，你都會決定「配角」所扮演的角色。

有時候，你可以藉由與伴侶分享同一個位置，假造出親密的感覺。如果跟伴侶分享的是受害者的角色，你們就會創造一個共同的迫害者；如果想兩人一起扮演拯救者，你們就找一個受害者來讓你們拯救；而如果想一起當迫害者，你們只要找一個代罪羔羊就成了。

但是，害人終害己，受害者監牢終究還是會傷害到你們的親密關係，而假造的親密感會消失，讓你們不得不面對彼此。

受害者監牢就是為了阻撓真正的親密關係而存在的。這種阻撓是一種考驗，考驗你追尋真理的決心。不管你是受害者、迫害者，還是拯救者，不管你如何為自己扮演這些角色找理由，一切都不是重點。除非你願意捨棄監牢帶給你的不真實安全感，轉而尋求真理，不然你永遠也無法穿越牆壁。

想要體驗真理，只要開口問就行了。如果你問的問題是只有你的心和靈魂才能回答出來的，這就代表你的選擇是要瞭解真理，而你想要找到答案的決心，就能讓你穿越牆壁而得到真正的親密關係。

「受害者監牢」中的陷阱雖然很複雜，但要得到自由卻很簡單，只要有誠懇的意向就行了。

讓我們再多看幾個陷阱的例子，並探討選擇真理所帶來的讓人自由的可能性。
首先，讓我們來看看「左右為難」的狀況。

左右為難

「有的人走這條路……有的人走那條路……至於我嘛，我比較喜歡走近路！」——迪士尼動畫《愛麗絲夢遊仙境》中的柴郡貓，路易斯．卡羅原著

「左右為難」的情形，發生在你必須在兩個可能當中選擇一個的時候。問題就在於，不管選了哪一個，你都會覺得自己失去了某樣重要的東西。讓我舉幾個案主的例子來說明。

有一個男人有一份穩定的辦公室工作，但是他又想成為一個藝術家。如果他選擇藝術創作，就可以做他真正喜歡的事，但是這樣，他的經濟狀況就沒有保障了。如果他繼續坐辦公室，那麼經濟上就很有保障，但是不能從工作中得到任何樂趣。該怎麼選擇呢？是做自己喜歡的工作，而放棄經濟上的保障？還是選擇經濟上的保障，而不去做自己喜歡的工作？

一位已婚婦女跟一個熱情、充滿了愛的男人有了外遇。她左右為難，不知道該留在丈夫身邊，繼續忍受不愉快的感情和性生活，還是選擇在精神和肉體上都令人滿足的親密關係，卻失去有老公和孩子的穩定家庭生活。

一個年輕人在父親的銀行上班，但他在精神上不滿足，希望瞭解自己生命的真正目的。他的困難是：如果辭職，他就能追尋他的夢想，但他的父親會很生氣。如果留下來，他就能讓父親高興，但是他害怕這樣一來，他可能到老了都還不知道自己生命的真正目的，而後悔莫及。

一位開餐廳的母親，育有一兒一女，但兒女之間的感情不睦。母親想要退休，把餐廳的生意交給兩個孩子來共同管理，但他們拒絕，堅持要她在兩個人當中選一個來繼承事業。當然，兩個人都認為母親應該選自己。她要怎樣才能選擇其中一個，又不會讓另一個生氣憤恨呢？不管她怎麼選，都是輸的。

一個公司老闆必須決定要不要把公司擴展到別的國家。如果不擴展公司，他就可以有很多時間跟家人在一起，但是他的競爭對手將會把公司擴展到那個國家，而讓公司成長壯大，這樣一來，他的公司就會走下坡，甚至關門大吉。如果擴展公司，他就沒有什麼時間跟家人相處了，不過他可能會得到更大的成功。

身為一個旁觀者，你可能看出了簡單的解決方案，或至少明白自己在遇到這些情形時會怎麼做，但是你有沒有跟身陷困境的人談過呢？不管你給他們什麼建議，他們都能找到很好的理由來解釋為什麼這個方法行不通。如果你不知不覺地充當了拯救者的角色，你很快就會充滿挫折、失敗感而舉雙手投降，甚至有可能搖身一變成為迫害者，批評左右為難的受害者太軟弱、太優柔寡斷。

想像一下，你（拯救者）和身處三角關係，夾在忠厚、老實（她認為是無趣）的丈夫與熱情愛人之間的婦女的對話是這樣的：

你　：「如果你已經對丈夫沒有任何感覺了，那為什麼不離開他呢？」

婦人：「我不能這麼做。我不能讓我們的家庭破碎——這樣會傷害到我們的孩子！」

你　：「那你為什麼不留下來，想辦法挽回跟丈夫之間的感情呢？」

婦人：「我已經試了好多年了，一點用都沒有。他根本就不想解決我們之間的問題。」

你　：「這樣聽起來，你的婚姻好像是沒救了。那你為什麼不尋求和平的離婚方法呢？」

婦人：「可是我很怕自己一個人出去闖蕩——尤其現在失業率又那麼高。我的新丈夫賺的錢又不夠養家，我必須出去工作，可是我又沒有一技之長。」

你　：「那你只好留下來了。」

婦人：「可是我實在沒辦法留下來啊！他實在太無趣了……而且一點也不關心我的需求！在我們的親密關係中，總是我在盡心盡力，他卻什麼也不做！」

你　：「那你還是投向你愛的男人比較好。」

婦人：「但是我也不確定跟他在一起就能幸福快樂。我的意思是，我愛這個男人，我想我愛他。他是個上班族，可是他想當藝術家。如果他決定辭職，那麼他要怎麼養我和孩子呢？而且，我也不知道他要不要小孩。」

你　：「聽起來你好像對這個男人也沒有多少信心。也許你還是留下來，想辦法維持現在的婚姻比較好。」

婦人：「我很想，可是我不能！」

你　：「那就離開吧。」

婦人：「我很想，可是我不能！」

你　：「我放棄！」

「左右為難」是不是人類自我的一項很偉大的發明呢？這是耽擱你生命的最有效的工具了，而且這種耽擱既沒有益處，又令人沮喪。左右為難的情形，往往會把簡單的選擇變成峰迴路轉的戲劇情節，這樣當事人就會分心，而看不出這種情形所造成的真正影響。

到底是什麼樣的影響呢？影響就是讓你無法尋求真理。又是什麼讓這種影響日漸壯大呢？是你對真理的恐懼。

從上例中可以看出，讓這位婦女無法做出正確決定的就是她的恐懼。基本上，**所有的恐懼都是害怕會失去某些東西**，這位婦女也是一樣。她怕的是失去她所熟悉的，給她安全感和安慰的事物。她害怕對丈夫付出無條件的愛，因為這樣她所熟悉的「受害者監牢」的牆壁將不再存在。她也害怕結束婚姻，並因而失去令人安心的、可以預測的穩定家庭。她害怕一個人過日子，因為這樣會剝奪她所認同的自我形象——即使這個形象是一個受驚的、沒有安全感的、沒有長處的女人。

左右為難的情形會讓受害者更深信自己是受害者，也讓其他人都害怕在生命中有所進展。

要突破左右為難的困境其實很簡單。首先，要選擇真理。還有就是要願意接受兩個選擇中的任何一個，或是兩個都不選。這一點非常重要，因為兩難的境地往往會讓你相信你就只有兩個選擇，再沒有第三條路可以選，但如果你願意兩個都不選，而且決心追尋真理，你就可以從困境中解脫出來，並發現無盡的可能性。

在這個理論中，我把真理定義為「能為每個人帶來最好的解決方式的事物」。在上例中，與其讓孩子感覺父母為了他們而犧牲自己的幸福，離婚也許是更好的選擇。不讓孩子們生活在謊言當中反而比較好。也許離婚對丈夫也比較好，因為在他吸取了教訓，知道自己的錯誤會對親密關係造成多大的傷害之後，他可以重新開始。而如果這位婦女能夠面對自己在工作能力上的不安全感和恐懼，她可以更瞭解自己以及自己真正的能力，這對她也是非常有益處的。

又或許，對大家都好的選擇是，她留下來，並且接受她丈夫現在的樣子，而不是期望他改變。這樣她的孩子也會有個好榜樣，瞭解到真正的親密關係是什麼。她和丈夫也將得到機會，去瞭解愛如何能讓親密關係起死回生。她的情人也將有機會和一個未婚的女人去發展一段可以開花結果的親密關係。

事實是，除了那位婦女自己之外，沒有人知道怎樣做對她、她的家庭以及她的情人，才是最好的。答案就在她的心中，但她聽不到靈魂給她的信號，因為恐懼擾亂了她的思想。如果她願意在兩個選擇中任選一個，或者都不選，她就能得到平靜，平息恐懼，並聽到自己心裡的聲音。兩難的境地會讓人既排拒現有的選擇，同時又不肯放棄它們。這也就是讓你陷入困境的原因。

在兩難的時候，如果你能不把自己當作悲劇的主角，並且表達決心，像這樣說：「我願意接受這兩個選擇中的任意一個，或都不選。我最想要的東西就是真理。」那麼只要你是誠心的，**你就能自然地瞭解到下一步該怎麼做**。

也許那位婦女會離開，也許她會留下。也許她會決定跟丈夫分房睡一段時間，也許她會和丈夫分居，或重新開始和他約會。不論如何，有一件事是確定的，她的心引導她去做的事，不管造成多大的騷動，都將會為每個人帶來好的影響。

如果你真的想要真理，真理就會自己找上門。

對家庭死忠

「因愛而結合的家庭是沒有家族牽繫的，因為所有的牽繫都是一種束縛。」——佚名

我在這一節裡所要寫的內容，將會指出一個人對家庭的死忠會造成諸多限制，這很可能會讓你覺得我褻瀆了神靈。如果是這樣，那麼你可能是把忠誠和「愛」與「承諾」聯繫在一起。

除非你能真心地去愛家中的每一個人，否則我想你是不可能真正快樂的，更不可能得到啟迪。但是，如果你死忠於家中代代相傳的處理感情及問題的方法，你就沒辦法自己做出負責任的選擇；相反地，真正愛你的家人，則能讓你自由地順從你的心來做事。

對家庭的死忠有許多表現方式，包括你遵從的戒律、做出的犧牲、採取的信念、接受或拒絕的人，以及處理事情的方式等。這些都是在你出生的家庭中形成的。死忠的人常說

這樣的話：「我小時候，大家就是這樣做的。」對家庭的死忠是這樣形成的：藉由模仿父母、兄弟姊妹或親戚的言行來塑造自我，進而在家庭中得到或好或壞的一席之地。

雖然我們為了得到家人的接受和歸屬感而模仿他們的言行舉止，但我並不相信這是一個自覺的選擇。我們小時候的學習大都從模仿得來。所以很自然地，當需求沒有被滿足而感到沮喪時，我們就會模仿周遭有相同感覺的人的處理方式。

模仿「家族的方法」這個決定，遲早會和潛意識中想要活下去的需求結合在一起，因為我們認為在家庭中沒有一席之地就等於死亡。為了保住自己的地位，我們會努力地依照代代相傳的標準模式來塑造自己。然而，因為這種塑造的過程是出自對歸屬感的需求，所以它會掩蓋我們靈魂的真正目的，並埋沒我們的天賦。

我所謂「天賦」的意思，是指藉由創造性的想法、言語或行為而體驗到的天生才能。受到天賦影響時，你會感受到很深的喜悅或目的從你的行動中散發出來。即使你已經做過同樣的事許多許多次了，但如果運用天賦，事情就會做得獨特而有創意。

但如果本著對家庭的死忠來做事，你就是照著固定的模式、規則和信念在行動，這些模式和規則在過去也許是必要的，但現在只會對你造成限制，沒有任何益處。你遵從這種想法和行為的法則來確保你在家庭中的位置。背離這條法則而尋求自己的本質，一開始可能會造成強烈的背叛感，而讓許多人痛哭流涕。

在工作中，我遇過一些身為醫師、律師、銀行家和政客的人，他們投身於各自的行業，純粹是順從家人的期望。我也遇過另外一些同樣做這些行業的人，他們的動機是自己的興趣。在心靈的平靜與真正的成功這方面，這兩種人有天壤之別。但是，誰比較愛自己的家庭呢？自由選擇職業的那些人，往往跟家人處得比較好，也比較感激家人。而那些依家人期望而選擇職業的人，對家人的感情則比較含糊不明。

對家庭的死忠，就像左右兩難的境地一樣，會讓我們停滯不前，無法在生活中有所進展。兩者唯一的不同之處是，**兩難的境地會讓人在兩個選擇之間來回遊走，但死忠則讓人根據固定的模式來行動。**

如果你選擇職業的動機只是為了歸屬感，而不是由於真正的興趣，那麼你在工作中得到的可能會是非常世俗的體驗。很多人喝酒是因為他們的父母也喝，很多人從事藍領工作，是因為他們的家族都是藍領階級，甚至有些人開福特車是因為他們家所有人都開福特。這些人做出的選擇，究竟是由於自覺的原因，還是因為深信他們「就該」這麼做？

以下的例子取自我在北美洲及亞洲所開研討會的參與者，這些例子說明了，對家庭的死忠會在我們身上造成多大的影響：

- 一位女士覺得她所選的男友必須符合父母的要求。
- 一位男士抱怨說，他還年輕，很想花幾年的時間出外去旅行，卻不得不接管家裡的生意。
- 一位女士發現，因為她扮演的是「家中傭人」的角色（料理家務、照顧弟妹；為了讓父母都可以出外上班，以及讓弟弟可以讀大學，她自己只讀到小學就沒有再繼續上學），所以她在重要的朋友關係及親密關係中，常常落入卑屈的模式。她沒有結婚，而且迷失了方向，不知道該做些什麼。

．一位男士覺得要戒掉三天兩頭就上酒吧喝幾杯馬丁尼的習慣很難。他發現自己有這種習慣，全是因為遵循父親和祖父的慣例。

．一位女士說話總是很小聲，因為小時候家人不許她太大聲說話或太引人注目。她也不敢向老闆要求加薪，因為這樣會引起別人「特別的注意」。

．許多在「謹慎的雙親」照料下長大的案主發現，當他們年齡愈長，就愈害怕在金錢上、職場上及親密關係上冒險。

．在不允許表達強烈情緒——不管正面或負面——的家庭中長大的男性與女性，長大成人後很難瞭解自己的感覺，當然更不可能將感覺表達出來。

在研究這些死忠案例後，我發覺到，在我自己的親密關係中——尤其是我不快樂的時候——我也會模仿許多的「孟氏行為」。我會像母親一樣，用沉默來表達憤怒，也會像父親一樣冷嘲熱諷。我還會假裝不在意我的失望感（事實上對我的傷害很大），避免社交上的衝突，為錢而煩惱，過度保護孩子，說笑話來化解不自在的場面，在跟妻子權力鬥爭時生悶氣等等。我開始清楚地瞭解到，**自己的態度和舉止，跟母親、父親或兄弟姊妹簡直如出一轍**。

這種情形所造成的問題是，我會自動做出這些行為，連想都不想一下。我原本應該想一個有創意的、自發的、充滿愛和真理的方式來處理事情，但我卻不知不覺地落入了模仿家人的模式。

要怎樣才能知道你是不是被死忠的觀念所限制呢？方法很簡單：如果你沒有表達出你真正的天賦；如果你所做的事沒有創意，也沒有受到啟發；或者，如果你處理事情的方式是不經思考就做出的選擇，那麼你就很可能本著對家庭的死忠，用代代相傳的方法在做事——當然還是會加上一點小小的個人色彩啦。

在古代的著作中，有一段話提及了家庭死忠的潛意識來源，這段話是這麼說的：「祖先犯罪，後代受罰。」有趣的是，「罪」（sin）這個字原本是希臘文中的箭術術語，意思是「沒射中目標」，也就是「錯誤」的意思。於是呢，如果爸爸犯了一個錯誤卻不改過來，那麼這個錯誤就會傳給孩子，再傳給孫子——這麼一直傳下去，直到有人「射中目標」為止。所以，我們在受傷時會假裝堅強、對人發脾氣時與對方冷戰、有金錢上的問題時變得容易生氣，都可以說是因為模仿祖先的偏差行為而不予改正。這樣的結論一點都不會不合理。

即使你小時候是個問題兒童（或者現在還是），總是反對現狀，問不該問的問題，常給爸爸媽媽找麻煩，這種**反對「家族的方法」的行為，事實上也會讓你更離不開「家族的方法」**。

當你與某件事物對抗的時候，這件事物在你的心裡就會變得更加強大。我曾經跟許多堅稱自己沒有被死忠的觀念綁住的案主談過話，他們都說自己的行為是跟「家族的方法」完全相反的。但如果深入瞭解一下他們的家族成員，我們總會發現有一位阿姨、叔叔或祖父母，曾經做出過同樣的叛逆行為。每次的結果都一樣，這些案主仍然在抗拒自己富有創造力的天賦，而依賴像膝反射一樣不經大腦的行為來處理事情。

現在我想要指出，在研究家庭影響的時候，我發現在大多數——但不是全部——個案中，家庭帶給人的影響利多於弊，而影響即使有害，也不會造成終生的負面效應。一旦你發覺自己傷害自己的行為，其實是從家人身上學來的偏差行為，你就可以選擇賦予自己力量，去改變這個你之前認為不可能改變的習慣。

在你的親密關係碰到牆壁，而必須仰賴史無前例的、有創意的、直覺的回應才能突破障礙的時候，你就會瞭解到前面這句話的意義。對家庭的死忠會讓內省階段的死氣沉沉更加惡化。同時，因為對家庭的死忠會讓人變得平庸，所以處於困境的人，將無法想出能讓親密關係起死回生的辦法。也許你能看出是什麼造成你的困境，但卻只會用熟悉的方法來應對。

如果選擇真理，你就能從陷阱中解脫出來，找到通往自由的道路，這不只是為了你自己，也是為了養育你長大的整個家庭。因為只要一個人能夠超越「家族的方法」，其他陷於同樣困境的人也能找到自由之路。在這整個過程中，當我明白我這麼做並不只是為了自己的時候，我就得到很大的鼓勵，決心去跳脫這個一成不變的死氣沉沉狀態。

我瞭解到，如果不能掙脫死忠觀念的束縛，我就會把這個包袱傳給我的孩子。我開始懷疑這個過程不是我普普通通的觀察力所能夠察覺到的。如果所謂的「遺傳疾病」也是這其中的一面呢？如果對家庭的死忠，會為我的家族帶來特定的問題呢？是我的DNA決定了我的某些心理、生理及情緒上的傾向，還是我的DNA其實是受到對家庭死忠觀念的影響呢？如果我能夠預防，我還會把這樣的負擔傳給孩子嗎？

除了我的孩子之外，還有許多人也陷於死忠的困境裡。如果他們能夠找到更好的路來走，他們就會得到很大的幫助。

我第一次實際運用這項知識，是在我婚姻中的某個時刻。當時我正為自己不能做一個好丈夫、好爸爸而感到極度的沮喪。我和妻子之間出現了一個問題，隨著時間過去，這個問題不但沒有解決，反而日益壯大，造成我和妻子之間有很大的距離。很快我就發現自己已經被逼到受害者監牢的牆邊，再也無路可退了。我應對的方式，是所有孟氏家族的小孩子都會用的那一招——氣憤地遠離妻子，把自己關在臥室裡。

躺在床上，心裡想著離婚有些什麼好處，我開始覺得死亡比活著容易多了。就在這時，我腦中閃過一個影像，那是我自己身處一個沒有門、也沒有窗子的房間裡。我摸索著牆壁，絕望地尋找著出口，而我身後有一大群人跟著我。

離我最近的是我的孩子哈蒙和塔拉，他們模仿著我的一舉一動，而且看著我，好像是在說：「爸爸什麼都知道，他會帶我們離開這裡的。」我又看了看其他人，瞭解到我並不孤獨，許多人都跟我有同樣的問題。我們都在找出口，並且抵抗著想要放棄自己、放棄生命的誘惑。有一天，我的孩子也會遇到難以克服的問題，也會想要放棄。

但是，如果我能讓他們瞭解一個人永遠不必放棄生命呢？我想起了《奇蹟課程》中的一句話：「神聖的上帝之子啊，發誓你不要死。」我從床上爬起來，站直了身子去面對絕望和失敗的痛苦。我心裡念著孩子，再想想在我腦海中影像裡的那些人，我選擇了生命。我拒絕相信「受害者監牢」是真的，是我的最終宿命，我從心底向真理吶喊。

然後，一股充滿愛的感覺來到我的心中，隨之而來的是一個得到啟發的想法，我知道該如何在苦痛中接近我妻子了。

我出了臥房，走近妻子，並向她道歉，告訴她，她對我有多重要。在我對她說這些話的時候，我不做任何期望，只是單純地說出我的心教我說的話。說完之後，我就進廚房去準備晚餐。第二天，問題就自動煙消雲散了——如果你把問題擺到一邊，它往往就會這樣——而我的婚姻再次充滿了朝氣和熱情。

我曾經在「牆腳下」度過很多的時間。我盲目地堅持對家庭的死忠，以致在面對問題時，我總是用熟悉的、沒有任何幫助的方法來處理。有時候，我會很快地想起應該選擇真理，但有時候卻要花上好幾個星期的時間，才會瞭解到唯有具創造性的、受到啟發的回應，才能讓我從受害者監牢中釋放出來。

我想，未來我的決心受到考驗的機會還很多，但有一件事我是十分確定的：**對家庭的死忠並不是真理**。死忠不能啟發人，所以不是真理。如果我想擺脫死忠的觀念，我可以藉由這樣的方式來達成：要求一個只有我的靈魂才能給我的、有創意的應對方式，因為我的靈魂是不受任何不真實的忠誠束縛的。或者，我可以用全部心力去面對最重要（往往也是最痛苦）的感覺，並瞭解痛苦不是真理，然後選擇真理。我也可以想一想跟我一起困在牆邊的人，他們在尋找一個希望，而我可以為他們選擇。

我還可以選擇把伴侶看得比所有不真實的死忠觀念還重，並在心裡靠近她。但由於親密關係在內省階段總是死氣沉沉，所以這個可能性常被忽略。不過我的親身經驗證明，如果能做出這個選擇，我將會對死忠觀念所造成的停滯狀態，產生立即且有效的反應。

死氣沉沉的停滯狀態會阻礙愛的感覺，導致一方或雙方相信愛已逝去了，再也不會回來。剩下的選擇，要不就是離開，要不就是用小時候學來的老方法，來應對這種一點活力也沒有的情況。我們誤認為愛的感覺和需求消逝了，但真愛是不會消逝的，不然就不是真愛了。

如果我們想要的是感覺和浪漫，以及「月暈現象下的愛」所具有的其他特性，那麼我們當然可以考慮離開「受害者監牢」（因為它是浪漫的墳墓），重新開始尋找我們的「理想伴侶」。但如果更想要的是來自靈魂的愛，那麼我們就該重視伴侶、排除死氣沉沉的狀態。在事情看起來一點希望都沒有的時候，怎麼樣才能做到重視伴侶呢？只要有意願。把它當作你最想要的事。**只要真心想要，你就能得到**。

犧牲

「我想要的是慈悲，不是犧牲。」——《何西阿書．舊約聖經》

在聽從心的指示而選擇現在的職業之前，我曾做過的所有工作，都只不過是我為我出生的家庭所做的犧牲。

我以為讓他們快樂的最好方法，就是確保他們的舒適。要讓他們舒適，我就不應該做出任何改變，而應該維持現狀。即使這意味著我必須放棄自己真正想做的工作，我也願意為了保住自己在家中的一席之地，而做這樣的犧牲。我的犧牲非常徹底，以至於到了二十歲的時候，我還不知道自己到底想做什麼，我的天賦都被埋沒了，我的熱情和方向感也一樣。

小時候，我們會想出一大堆理由來解釋為什麼我們的需求不能得到滿足。最主要的一個推論就是：我們一定是壞孩子。就算我們嘗試規避這種罪惡感，因而把父母推得遠遠的，責怪是他們造成我們的不快樂，在我們的內心深處，還是有一個令人不安的想法，認為這一切都是我們自己的錯。我在探索人類的潛意識時，經常得到這樣的證明：人類在很小的時候就開始有罪惡感，而這種罪惡感總是不理性的。

一旦罪惡感變成了家裡的常客，寬恕就會變成陌生人。我們開始把所犯的錯誤當作自身邪惡的證明；我們應該改正錯誤卻沒有改，反而開始害怕錯誤。

我們依據父母做出的迫害者行為，在心中塑造出一個迫害者，並讓他來懲罰我們的不完美。很快我們就發現，要緩和迫害者的怒氣，並為我們的過錯贖罪的方式，就是採取一種能讓事情恢復平衡的態度。這也就是犧牲的開始。

犧牲並不是一種行動，雖然它常藉著行動表達出來，也常被誤認是一種行動。假設有兩個人同時在同樣的廚房裡，洗著同樣的碗盤，一個人是在犧牲，而另一個不是。你能分得出誰是誰嗎？從外表上來看，是很難分辨的，但如果你能看透他們在情緒及心理上如何看待他們正在做的事，就可以馬上分清楚。

道理很簡單，**犧牲是沒有喜悅可言的**——當然我所說的犧牲是不實的犧牲，而不是真心的犧牲奉獻。你只是在做贖罪必須做的事。

我經常忽略一件事，那就是我總是傾向於把親密關係的成功當作自己的責任。我必須找出解決問題的方法。我必須確保我的家人都很滿足而且健康。我必須當一個很棒的情人，成為擁有豐富資源的供給者。我不記得有什麼時候我不是這麼想的。

五歲的時候，有一次，我孤零零地坐在人行道的邊緣，疑惑著是什麼原因讓我的家人這麼不快樂。我的情緒從悲傷轉為罪惡感又轉為憤怒。我覺得難過是因為我認為既然家人不快樂，他們就沒有足夠的愛可以給我了。

這種想法引來了罪惡感，我覺得自己是家人不快樂的原因。難怪沒有人愛我了，大概我光是出生就已經給大家帶來了麻煩吧。然後我開始生氣。他們還是應該愛我的——尤其是我的父母。我的家情況這麼糟，又不是我的錯！

在這個情緒轉變的過程中，我把自己不得人愛的罪惡感怪罪在家人的頭上。有些人沒有盡到他們的責任。不管我是個什麼樣的小孩，他們都應該愛我、接受我。但是很顯然地，他們沒辦法盡到對我的責任。所以**在五歲的時候，我就已經賦予自己一個徒勞的任務，就是去改善我的家庭，讓家人變成一群快樂的、團結的、愛我的人**。從那時候起，這就一直是我的責任。

只要簡單地研究一下自己對「好」和「不好」這兩個詞的感覺，就可以知道你是不是在做犧牲。當別人要求你做一件事，如果你說「不」就會有罪惡感，說「好」又不覺得快樂，那你大概就是因為罪惡感在做犧牲。

小時候我們會扮演許多種犧牲者的角色，來讓自己覺得自己是好人，因而抵消不斷攻擊我們的罪惡感。我很確定自己不是唯一一個因為讓爸爸媽媽生氣而感到罪惡的小孩。很多人都覺得自己是家中的麻煩製造者、負擔或毀滅者。

但我怎麼會知道家人不快樂，又為什麼把鼓舞他們當作自己的責任呢？這兩個問題的答案都是「罪惡感」。這個答案合不合理，並不是重點。我相信家人會不快樂都是我的錯，我也相信自己該做點什麼事來補償。也許這個想法會讓你覺得很不合理，所以讓我舉個例子來說明。你有過這樣的經驗嗎？你所處的房間或辦公室裡有東西丟了或被偷了，而別人看你的眼神，讓你覺得有必要證明自己的清白——即使東西不是你偷的。

這種防衛是不理性的，但是造成這種行為的罪惡感卻是確實存在的。罪惡感不需要合理就能發揮效用，但是罪惡感永遠不會消失。大多數人一輩子都在不斷地犧牲，希望能治好自己的罪惡感。

當你的親密關係走到了內省的階段，你會開始質疑你的「付出」有多少是出自真心，又有多少純粹是出自義務感。你已經厭倦了犧牲的行為，而且不得不問自己，在跟伴侶相處的這段時間裡，你到底有沒有真正地做過你自己。如果你不想為自己的行為負責，就會怪罪伴侶，覺得都是對方逼你的；但**如果你能對自己誠實，就會瞭解，自己的行為只不過是你小時候做出的犧牲的翻版**。

- **如果你小時候是「英雄」型的小孩**——成績優秀，或把家裡打掃得一塵不染，煮飯、燒菜一手包辦，或是田徑隊的明星隊員——那你長大以後，還是會扮演英雄的角色，總是給家人最好的，而你自己在工作上一個人當三個人用，還不會生病或疲倦。對了，你還可能是家長會會長以及男、女童軍的領袖（也許我太誇張了，但是你瞭解我的意思）。

・**如果你小時候是個「隱形人」**，在家裡總是輕手輕腳的，講話總是輕聲細語，從來不造成騷動，那麼你長大以後，會盡量避免跟伴侶衝突，就算發生衝突，你也會溜之大吉，心想——像你小時候一樣——你一出現就會造成別人不快樂，所以消失對大家都好。

・**如果你小時候是個甜美、討人喜歡、有魅力的「小可愛」**，那麼在你的伴侶心情低落時，你可能會覺得有義務當個甜美、鼓舞人的人。這以前對爸爸媽媽都很有效的啊！

・如果你是「代罪羔羊」或「問題兒童」那一型的，你就會招惹伴侶來攻擊你，讓對方把自己的悲慘都怪罪在你身上，因而減輕對方的挫折感。如果伴侶能夠覺得自己是「對的」，就會好過一點，而你認為，讓自己為伴侶及家人的悲慘負責，就能償還你的罪惡。

・**如果你是「烈士」型的**，你就會犧牲自己的生理、情緒或心理上的健康，把所有的問題攬在自己身上，並且因而捐軀（如果有必要的話）。如此一來，你所愛的人就會守著你的病床或墓碑，而忘記自己的不快樂。這樣你們就終於可以在一起了——就像你小時候所做的一樣。

看完以上的所有類型以後，你可能會發現自己扮演了其中一種以上的角色。恰克・史匹桑諾指出，這五種主要的犧牲者角色，是大部分人成長過程中所選擇的。

除了這五種以外，還有其他的犧牲模式：好心人、幫手、沉默的受難者、有過人成就者、喜歡社交和享樂的人、娛樂他人的人、小丑、慢性病患者、不能適應環境的人、剛毅木訥的人、流浪者、維持和平者、取悅他人者、叛逆者……當人們為伴侶扮演這些犧牲者角色時，他們在付出的時候得不到真正的喜悅、趣味或平靜。

內省能讓你瞭解，你一生中做出的犧牲，都是為了埋伏在你心中的「壞人」而做補償。

為了讓讀者便於瞭解，我擬出了以下這個模型：

犧牲者

………………………………

折磨者

………………………………

「壞人」

………………………………

情緒

………………………………

感覺（空虛）

………………………………

本質（靈魂）

………………………………

快樂

你心中的「折磨者」，會讓你心中的「犧牲者」奮鬥不懈，即使你已經受夠了，不想再犧牲，或因為沒有成就感而心力交瘁。

這種形式的迫害者，是一個嚴苛的維持紀律者，以羞恥感、處罰威脅及排斥為手段，讓你專注在贖罪上，不然就得不到寬恕。讓我們來看看一個犧牲者想改變時，會發生什麼事。

有一次，一個朋友告訴我他是如何嘗試改變自己當「安靜的人」的傾向。以前他總是讓妻子一直說話，就算他對她說的不感興趣，想改變話題也一樣。每次他想擺脫自己的角色，都覺得有挫折感，因為他真的不知道自己想要說什麼。後來他覺得自己怎樣都沒有勝算。如果他繼續安靜下去，會覺得妻子都在利用他，一點也不關心他想說什麼；可是如果他想開口，卻又不知道要說什麼，而覺得自己很蠢、很無能。

挫折感在他心中不斷累積，到達了臨界點，只要她一開口，他就開始和她吵架。不管她說什麼，他都唱反調。不管他信不信自己說的那一套，他都會一直爭論，因為這樣他才有話可以說。

雖然他可以看出妻子很震驚而且受傷，但他還是覺得自己必須憤怒、必須爭論，不然**他又會陷入從前的犧牲式的沉默**。他內心的折磨者在指控他，說他開口說話是「壞孩子」的表現，要對抗這個折磨者，他唯一的武器就是憤怒。

在犧牲者想要擺脫自己的負擔時，他們往往會放縱自己採取與平常的習慣相反的行為。

就像我這位朋友，因為還沒準備好面對自己的罪惡感，所以選擇防衛。她看起來愈難過，他的罪惡感就愈深，也就讓他更激烈地爭論。

在他冷靜下來，並用健康的方法來研究自己的問題時，他發現自己心裡的「壞孩子」，只不過是會在事情「不太對勁」時提出質疑的人罷了。在他家中，質疑長者的權威是受到嚴格禁止的，所以當他還是小孩子的時候，就得到一個結論，認為自己喜歡質疑的這種行為會威脅到他在家中的幸福。他決定把嘴巴閉緊，以確保安全，讓別人來說話就好了。

我朋友是在當所謂的「壞孩子」，並且在不評論或防衛自己之後，才有了以上的瞭解。他重新體驗到經常伴隨著「壞孩子」而來的悲哀和罪惡感，並試圖瞭解真正的自己。這項探索的任務帶給他很深的寂寞感——這也是人類在發現內心空虛時常有的感覺。但他選擇用平靜的、有決心的態度來面對它，於是他接受了自己，他的自信心慢慢增加了，再也不需要與伴侶爭吵。他變成了一個快樂的、能有效溝通的人。

犧牲會以三種方式來危害你的親密關係。

第一種是你會覺得自己是被迫犧牲，因而感到憤恨。這種憤恨會轉變為對伴侶的排斥，甚至是仇恨。你會認為對方期望你所做的事是沒有回報的。

第二項具有毀滅性的影響是，為了擺脫不斷犧牲的模式，你會做出完全相反的極端行為——就像我朋友那樣——並放縱自己做出令對方難以接受的行為。

第三項是末日的徵兆，就是心力交瘁。你因為不斷地犧牲而感到筋疲力竭，這時候，你會很想一走了之，以免自己發瘋。會有這樣的結果，多半是由於你不願意誠實地面對真正造成你犧牲的原因。

以一個旁觀者的身分，往往很難分辨「犧牲」和「心甘情願的付出」有什麼不同。但如果身處其中，就很容易瞭解——**如果你是在犧牲，就無法「接受」**。**你的動機完全是為了緩和及補償心中無盡的罪惡感**。這就像是在償還一筆龐大的債務一樣，不只是龐大，簡直該說是巨大。一開始，你也許還會覺得輕鬆，因為你總能定期付出款項，但一段時間之後，你就會覺得債務好像永遠還不完，而感到疲憊、心力交瘁、山窮水盡。

犧牲也是一樣。你雖然在付出，卻絲毫不感到快樂，也缺乏熱情。也許剛開始你的犧牲還能得到感激，不過那是早在「月暈現象」階段的事了。到了內省的階段，光犧牲是不夠的。就算你很忠實、很細心，也不能像從前那樣得到感激。你仍然會當個忠實、細心的人，因為別人對你有這樣的期望，但是這樣的行為再也沒有回報，於是你開始瞭解，事實上你從來都沒有得到回報。就算有回報，也只不過是因為你扮演的角色而已。

在親密關係陷入困境的時候，如果你聽到其中一方說：「我一生中最好的時光都給你了，但是我得到了什麼？什麼都沒有！」那就表示，這個人已經因為不斷地犧牲而瀕臨崩潰邊緣，要不然就是準備一走了之了。不幸的是，這個人所付出的，其實並不是「最好」的。

真心誠意地付出，是一種完全不同的體驗。你不會覺得心力交瘁，也不會因為得不到感激而憤憤不平，當然也不是為了償還罪惡感才付出。這樣的付出是完全不求回報的。你是聽從自己的心在做事，因為你知道，這樣的付出對每個人都好（要記得，所謂的「每個人」也包括你自己）。如果你的動機是為了愛或為了瞭解愛，那麼你就只會注重付出的過程，並且瞭解**只有在真心付出的時候，你才會用開放的心去「接受」**。

想要為犧牲的模式劃上句號，最好的方法就是自覺以及負起全責。如果能為自己的生活百分之百負責，我們就會瞭解，犧牲者的角色其實是我們自己選擇的。認定是父母或家人逼迫我們做犧牲並怪罪他們，是很容易的。也許我們是在不知不覺中，選擇了犧牲者的角色。也許我們這麼做是因為我們需要愛，或是希望付出愛，卻選了錯誤的方式。又或許，我們做這樣的選擇是為了活下去。不管動機為何，我們必須瞭解，這是我們自己的選擇。一旦我們接受了這個責任，就能得到做出更好選擇的力量。

「覺知」對我們的意識具有很大的影響力。覺知能讓不實的事物變弱，並讓真實的事物變強。如果你能用完全的覺知來處理負面的情緒，很快你的情緒就會變成能量。如果你用完全的覺知來看待充滿了愛、喜悅或祥和的感覺，那麼你心中的愛、祥和或喜悅就會增長。這些美好的感覺，會增強到你所能承受的極限。

如果你有覺知，能夠發現是哪些感覺和情緒迫使你做出犧牲，最後你一定會發現，扮演犧牲者的角色對親密關係一點幫助都沒有。雖然不斷地犧牲既傷神又沒有回報，但我們還是會繼續下去，因為做出犧牲很容易，但要面對我們看似高貴的行為背後的折磨和罪惡感，卻難得多。要瞭解犧牲的行為對我們已經沒有任何幫助，摒棄這樣的行為，並且面對心中的「折磨者」和「壞人」，是一項很大的挑戰。如果我們能保持自覺，不做評判，並且決心對自己誠實，就能慢慢地改變。

只要你有意願、有決心，就能擺脫「犧牲者」、「折磨者」和「壞人」的影響，而選擇對伴侶付出你真正想付出的東西。

真心的付出，能讓你瞭解真正的自己。

親密關係的律動就像鐘擺

「一個巴掌拍不響。」——諺語

在我們開始探討受害者監牢中的其他陷阱之前，我希望指出犧牲的最後一項特性。我把這項特性稱為「鐘擺效應」（請看下圖）。

這個理論的主要概念是，如果你為了伴侶犧牲，那麼你就會把對方看成是利用你的人，因為他們沒有盡他們應盡的力量。你犧牲到什麼程度，對方就會放縱到什麼程度。

有放縱者，犧牲者才能存在。

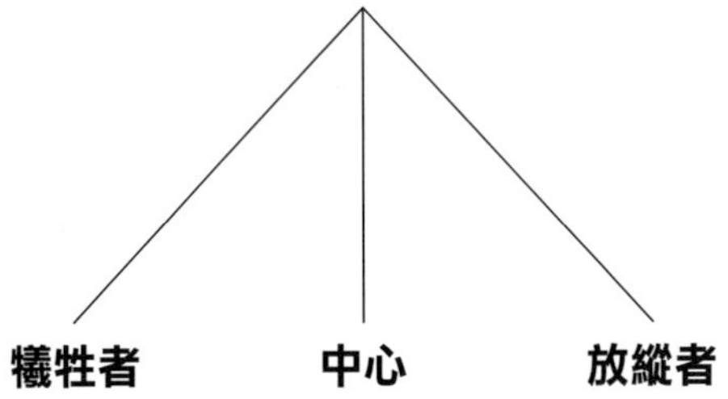

如果沒有人把東西丟得到處都是，你又怎麼能跟在後面收拾呢？如果沒有長舌的人，你又怎麼能當犧牲者，聽人長舌講不停呢？只要有犧牲者，就有放縱者，反之亦然。**如果你扮演的是犧牲者，那麼除非你停止犧牲，否則是沒有辦法改變你的伴侶的**。如果你不能明白，改變伴侶或為他／她的行為做出補償都不是你的「職責」，那麼你就無法停止犧牲。

如果伴侶放縱自己的怒氣，你不必把維持和平當作神派給你的責任。如果你的伴侶嗜賭成癮，你也不必把加班貼補家用當作自己的責任。對方酗酒也不是你的負擔，所以你不必放棄你的熱情和自發性，只為了提供一個穩定、可預期的環境，來彌補不穩定和不可預測的伴侶。

說了這麼多之後，我想用一句話做結語：雖然彌補伴侶的放縱不是你的職責，但對方的放縱行為確實是你的責任。這句話的意思是，你有能力對伴侶的行為做出回應，而不是採取犧牲的方式。

人們常會忘記，在親密關係中，雙方都要為發生的事百分之百地負責。親密關係中常常發生的情形是，一方已經盡了一切的努力，弄得自己身心俱疲，但另外一方卻袖手旁觀。有酗酒問題的親密關係往往被描述成這樣：一方長年受苦，像奴隸一樣，辛苦地想讓親密關係或家庭維持下去，另一方卻沉溺於自私的享受。但是到了最近這幾十年，人們卻發現會有這樣的情形，其實犧牲者也同樣有責任。**如果扮演犧牲者，你就會吸引別人來扮演放縱者**。

然而，雖然這樣的互動關係往往是一方放縱，而另一方犧牲，但如果你想看看真正有意思的事，不妨私下分別問問兩人，誰犧牲得比較多。結果通常是，不管你問哪一方，他/她都會說自己是犧牲比較多的人。即使跟你說話的人當時是比較沒活力、沒生產力的一方，那也只是因為他/她正在「休息」，因為之前已經辛苦地工作了一個星期、一個月或一年，甚至是因為經歷了一段悲慘的童年，所以必須休養生息。

放縱者常用自己悲慘犧牲的故事，來作為他們行為的藉口。這指出了非常重要的一件事：犧牲並不是一種行動。**犧牲是一種「心態」**。洗碗可以很有趣，也可以很煩人。有什麼樣的經驗，完全是由心態來決定的。

要怎樣才能改變心態呢？一開始，必須有改變的意願，但我也瞭解我需要一些不平凡的幫助才能做到，因為犧牲的心態已經跟了我一輩子，甚至是從我自己都不知道自己做了什麼選擇時就開始了。為了融入家人，為了讓自己在生理及情緒上得到滿足，我犧牲了自己。

看看鐘擺模型，你就可以推論，你離中心愈遠，犧牲或放縱的程度就愈嚴重。既然犧牲與放縱具有共生的關係，如果你去除其一，另外一個也無法繼續存在。

我發現，不管我往哪一邊擺動，都可以藉助來自中心的力量來幫助我。位於中心的，就是我的靈魂——也就是我的本質——的力量，它能夠提供我所需要的支持。既然我的靈魂不會批判或處罰我，我就可以信賴它，讓它用健康的方式，帶我走出犧牲或放縱的模式。

一旦你對自己的犧牲有所自覺，就能把全部精神集中在來自中心的力量上，並要求愛來引導你走出犧牲的模式。

犧牲完全是心態上的問題。只有愛能進入你的心，去改變只有給予，卻不懂得接受的模式（犧牲），以及只有獲得，卻不懂得享受的模式（放縱），使得犧牲轉變為真心的給予，而使放縱轉為真心的接受。

我們所需要做的——也是我們僅能做的——就是讓靈魂的愛帶領我們回到中心，回到有愛存在的地方。

練習，不斷練習吧！

依附：束縛之索

「鳥籠去尋找它的獵物了。」——卡夫卡（Franz Kafka）

這件事發生在我和妻子結婚三個月之後。那時妻子正在懷孕初期，身心都感到不適。當她從我身後經過時，我正坐在走廊上的一張桌子旁，拿著筆在紙上胡亂塗鴉。我立刻跳了起來，到處尋找吸塵器，因為我忽然決定要打掃房間。打掃之後，我還打算洗碗，劈點木柴來生壁爐的火，把衣服摺好，還要……這時我才發現，差一刻就到半夜了！五分鐘前，我還在打算的這項大工程，只好打消計劃了。接著，我差點又打算整理客廳！然後我才發現了自己的感覺。

記得在我七、八歲時，我母親有一段時間很不快樂。我覺得沒辦法親近她，還覺得她不快樂都是我的錯，所以**我得到一個結論——讓她開心起來，是我的責任**。

她經常抱怨家裡總是亂七八糟（這是完全可以理解的，因為家裡有八個小孩子和一條狗），所以我想如果我把家裡整理得乾乾淨淨，也許就能讓她開心一點。如果她能開心起來，那我也會比較有安全感，也許她又會喜歡我，甚至愛我了！

二十五年後，我身邊又出現了一個不快樂的母親，在這段時間裡，我除了打掃房子之外，再也想不出更好的解決方案。早在我瞭解自己的動機之前，潛意識就已經驅使我去找吸塵器了。

當我們迫切地希望父親或母親愛我們，但又覺得自己不值得這份愛的時候，有時候我們會願意做任何事，就算不計代價，也要讓父親或母親不排斥我們。

以我來說，我檢視了自己的所有特質，把我認為母親不會喜歡的那些統統丟掉，盡力地想做一個完美的兒子。

我變成了母親可愛的小幫手，把自己塑造成我認為最能符合母親需求的樣子。我放棄了一大部分的自己，讓自己能夠達到母親的要求，這樣我才能像隻小貓一樣，緊緊地依附著她。這就是一個「依附」的例子：**為了確保自己不被離棄**，我們做出很大的犧牲。**我們犧牲了自己**。

我相信依附的情形早在三歲就開始了，並一直延續到青春期，所以我們可以輕易地瞭解，這對我們怎麼看自己會有很大的影響。

想像一下，一個小女孩可能放棄自己的積極和堅決的態度，來取悅父親；放棄自己的性慾，以免讓父親感到威脅；放棄自己的智慧，好讓自己看起來柔順、沒有傷害性，而且必須有比她聰明的人讓她依靠；忽視自己的藝術天分，好讓父親知道她很注重實際；改掉自己外向的個性，讓自己有多一點時間待在家裡；或是改掉自己獨來獨往的個性，好讓父親為她的受歡迎程度而驕傲。

想像一下，如果有一個孩子做出了以上所有的選擇，她將會變成一個多麼單調、乏味的人。她會放棄她認為父親不喜歡的所有特質。父親希望女兒擁有的特質，通常是他自己沒有的。就像碎成兩半的心一樣，他會尋找能夠和自己完全契合的另外一半，而她就會努力地把自己塑造成那一半，讓自己可以和父親建立良好的親子關係。

想想看，她為了「歸屬感」必須做出多大的犧牲。這就是依附的代價，是一種不真實的結合關係。這種結合的動機是需求，而用來連結的膠則是犧牲。事實上，這根本不能算是結合，應該叫做奴役才對。

創造一幅心理圖像，也許能讓你更瞭解依附情結。想像一下，你小時候依附最緊的親人現在就站在你面前。然後想像你和這個人被綁在一起，無法解開。也許你們像是兩隻章魚，用觸手把對方緊緊纏住；也許你們像著名的暹羅連體嬰一樣，臀部連在一起；也許是一條大鐵鍊把你們緊緊地綁在一起。

我的一位女性案主想像出的圖像是她的身體被一個大捕獸器夾住，而這個捕獸器的另一端鎖在她父親身上。另外，有一幅很普遍的圖像是，兩個人在肚臍處由一條臍帶相連。不管圖像長得什麼樣，這種連結都代表一種情緒上的牽繫，讓你不斷犧牲而無法逃脫。

深陷在依附情結中的人，會因為受限而有挫折感，或覺得像是穿著束縛衣，或像要窒息似的——就好像他所依附的父親或母親把他周圍的空氣都吸光了。

在大多數人身上，這時候就會有一種生存機制介入，讓他們遠離這種不真實的結合關係，從父母身邊逃開，尋求獨立。這種掙脫的過程通常很花時間，而且當孩子愈接近青春期，過程就會愈激烈。

如果小時候你依附的是母親，那麼當你與一位女性發展出重要的親密關係時，你就會發現，事實上你並沒有破除依附情結。若依附的是父親，你就會在與男性發展出重要的親密關係時，有同樣的發現。**你會漸漸瞭解到，你和伴侶間的互動，跟小時候與父母的互動是一樣的。你甚至會開始覺得自己就像跟父親或母親住在一起。**

總而言之，在你還是小孩子的時候，如果失去了父母的愛，那麼你就會因為失去歸屬感而痛苦，並且覺得自己一定是不夠好，才沒有人愛。於是，你就會放棄一大部分的自己，努力把自己塑造成你認為父母會喜歡的樣子，而發展出一種不真實的結合關係，這就叫做依附。

在你逃離這種束縛的時候，其實並沒有真正地破除依附情結，你只是暫時地逃開而已。在和你所依賴的人（老闆、權威人物、債主等）相處之後，你就會發現，你有時候會做出對自己並沒有益處，或是讓你討厭自己的事。但是你又不敢改變，因為怕被排斥。

依附情結令人窒息的效果，在「內省」的階段最明顯。感到窒息的人會覺得沒有自己的生活，而且很想責怪伴侶奪走了他的生活。如果這種情形發生在你身上，你要記得，**現在發生的事，只不過是舊事重演而已**。

想推開伴侶，只不過是反映了從前你想遠離你所依附的人的情形而已。想要破除依附情結，你並不需要逃離自己的親密關係。如果你有覺知，也有意願和決心要取回你曾經拋棄的那一部分自己，就能得到力量，讓依附情結造成的傷口癒合。

注意依附情結所造成的生理和心理上的感覺，看看這些感覺是多麼熟悉——看看它們跟著你多久了。想像一下，你可以用圖畫來描述自己對伴侶的依附。在心裡仔細地看著這幅畫，這樣你就可以瞭解自己一直在做些什麼。

你會調整自己去配合伴侶的情緒。伴侶做什麼，你就必須跟著做什麼，因為依附情結讓你沒有選擇。注意在你看著這幅畫的時候，是否有任何憤恨、恐懼、挫折或緊張的感覺存在？表明你想要擺脫這種束縛的意向，讓決心來支持你。

你可以用口頭表達或在心裡對伴侶說，你們不需要再繼續這種不實的親密關係，你會做出對兩個人都好的選擇。然後，讓靈魂引導你去看自己掙脫束縛的圖像。充分體驗你在看這幅圖時的感覺，然後再畫一張圖來描述破除了依附情結之後，你和伴侶之間會呈現怎樣的情形。

如果你還是覺得這幅圖存在著衝突，或不夠祥和，那麼就做個筆記，然後在心裡重新畫一張圖——你可能必須重畫很多次，才能看到你們在親密關係中真正應該呈現的相處情形。

其原因是，即使你是用和平的方式來切斷依附情結，也還是會在你和伴侶追求真理時，造成負面的影響。身陷依附情結陷阱的人，往往很害怕失去那不實的安全感，而且其中一方會比另一方更不肯放手。

在親密關係中做真正的自己，需要勇氣和信任，如果真的有決心這麼做，你就會引發一連串的連鎖反應，而這些反應有時不怎麼令人愉快。在心裡畫圖（如果用紙筆畫，或用捏塑黏土或其他的藝術方式表達會更好），能讓你直覺地瞭解到自己即將面對的事物。

這項練習能發揮多大的作用，要看你有沒有找回自己真正本性的「意向」，以及你有沒有實現這種意向的「決心」。在你弄清楚自己想要什麼——你相信對你而言最好的選擇——以及你願意接受伴侶不必當你的供給者這項事實時，你的意向就能實現。

當你愈來愈明白真正的自己時，你也愈來愈接近真理。在愈來愈接近真理的同時，你往往會發現，伴侶也和你一樣，只不過步調不同罷了。

這時候，你已經重獲力量，可以自己做選擇了，現在你就可以再次選擇和伴侶在一起，**只不過這一次不是因為需求，而是因為瞭解到這是正確的選擇**。

魔鏡，魔鏡

「誰知道人的心中暗藏著怎樣的邪惡呢？影子知道。」——一九三〇年代的廣播節目《影子》（The Shadow），華特・吉布森（Walter Gibson）

多年前，我在報紙上讀到一則很棒的故事，不過那時我還不瞭解它的涵義。這個真實的故事說的是有一群想做好事的基督徒，長途跋涉到印度的一個偏遠村落去傳教。他們所到的地方是一個小農村，科技落後，村民從來沒看過電視或電影，而且才剛開始過有電可用的生活。

為了讓這些純樸的人認識耶穌是誰，這群基督徒帶來了一個大放映機，並且在山坡上架起了一個巨型銀幕。太陽下山以後，上千的村民，老老少少、男男女女，都出來席地而坐觀賞電影。

這些觀眾看得實在太投入了，以至於演到耶穌被釘十字架的時候，每個人都像瘋了一樣。當他們看到耶穌的手被釘住的時候，全部的人一擁而上，攻擊銀幕，希望把耶穌從十字架上救下來。

讀完這個故事，我忍不住因為這群單純的人像孩童般的天真而大笑。十五年之後，我才發現自己跟這些無知的印度村民有多像。我花了這麼長的時間，才瞭解到「投射」的原理。

我們常常對別人有很多的意見。有時候是讚賞，有時候則是尖銳的批評。好像我們愈瞭解一個人，對他的意見就愈多，不管是好是壞。這是「認識」別人的過程的一部分。但我們很少質疑這些意見到底從哪裡來。

基本上，我們對別人的意見，是在觀察他的行為，並用自己的想法詮釋之後所形成的。有兩個人都看到一個打扮華貴的人給一個流浪漢一塊錢。一人說這個打扮華貴的人，真是個慷慨的好人，另一人說這個人真是既小氣又傲慢。

到底誰說得對呢？事實上，這兩個人都沒有對錯。他們都只是把對自己的某些觀感，「投射」在這個打扮華貴的人身上而已。**我們對別人行為舉止的詮釋，都只不過是把我們對自己的評價及信念投射出來罷了。**

在我第一次聽到投射理論的時候，連一字一句都不肯相信。我非常確定我就是我，別人就是別人，我對別人的評判和意見才不是我自己的投射。但有一天，所有的事都變了。

那天，我與一個朋友談論著一位同事的缺點。突然我的朋友轉過來對我說：「克里斯啊，聽起來你好像是在說你自己。」我愈堅持自己跟那個混蛋不一樣，我朋友就笑得愈大聲，最後連我自己都沒法否認。

雖然我感到很慚愧，但還是微笑著對朋友承認他說的一點都沒錯。

從那時起，我就經常發現，**我們所看到的每件事其實都是我們內心的投射。我們怎麼評論別人，就是我們怎麼看待自己**。如果我覺得別人太愛批評而討厭他，就代表我討厭自己愛批評的習性。也許這個例子很明顯——批評別人太愛批評——但其他的意見也是一樣的。我攻擊別人的缺點，正是我在潛意識裡攻擊自己的缺點。很不幸的是，我通常都不能察覺到，其實自己就像是在照鏡子。（實在太可惜了，因為我浪費了太多時間去羨慕那些有天分的人，卻沒有從他們身上看到我自己的天分。）

在受害者監牢中，投射現象往往十分猖獗。你和伴侶的關係愈親密，投射現象就愈能讓你們遠離對方。我之前說過，你愈接近別人，他們對你來說就愈熟悉——就像是你的家人一樣。於是，我們的伴侶早晚會讓我們想起跟母親、父親或兄弟姊妹生活在一起的日子。而如果我們想起的是跟父母或兄弟姊妹在一起時不愉快的日子，那就有麻煩了。

還記得之前有關家庭的那段討論嗎？不合理的罪惡感讓我們認為自己扮演著犧牲者的

角色，都是家人害的，我們的失敗也都是他們的責任。當我們這樣想的時候，就會把父母及兄弟姊妹看作壞人，甚至排斥他們。我們會愈來愈嚴苛地批評家人，但事實上我們會批評，也是因為把自己的失敗投射在別人身上的緣故。這也就是為什麼當我們在情緒上與人親近時，這個人就會讓我們想起家人的原因。我們只不過是轉換了投射的對象罷了。

「陰影人物」是一個具備你自身最糟糕特質的人。當然啦，在你剛認識這個人的時候，你並不會馬上發現他就是你的影子（也許永遠也不會發現）。這是因為，這個人所具備的某些負面特質，是你拒絕承認自己擁有的特質，你甚至會完全否認有這些特質的存在。

或許你在幻滅的階段就已隱約感到這個陰影人物的存在了，但到了內省的階段，事情才真正變得醜陋，因為你的伴侶這時已變成了這位陰影人物。你會覺得伴侶變得令人難以忍受，會排斥對方，甚至燃起熊熊的恨意。

榮格說，要完全接受陰影人物，需要極高的道德勇氣，但我的經驗說明了，我所有的道德勇氣加在一起，還是不夠。我需要的是奇蹟。經由好奇心，我真的得到了奇蹟——那是我開始懷疑自己的觀念有誤的時候。

從十幾歲一直到三十幾歲，我一直相信陰影人物並不符合投射原理，我認為陰影人物根本就是世上邪惡的化身。在這段時間裡，我總是覺得日子會過得很慘，是某個混蛋害的。有時候這個混蛋是一位同事，有時候則是我原本的一個好朋友，突然變成了威脅我生存的心頭大患。

在神的面前，我必須坦承，有時候我滿腦子都在幻想這位陰影人物已經死了。我恨這個人恨到甚至會祈禱他快點死。然後奇蹟發生了。我腦中出現了一個想法，讓我自問：「如果這個人是你呢，克里斯多福？**如果你討厭的那個人，其實是你的一部分呢？**會不會是因為你一直不願承認自己有這些糟糕的特質，所以你就控制自己的行為，不表現出這些特質呢？」

我的好奇心勝利了。我要求自己想像一下，是什麼原因，會讓一個人表現得像個不折不扣的混蛋。這個人真是大嘴巴，是什麼原因讓他這樣呢？我想到的答案是「缺乏安全感」。那你呢？克里斯多福？你是不是缺乏安全感？嗯，是這樣，沒錯，可是我可不會像那個人一樣啊！你當然不會，你不公開批評別人是因為這是不厚道的行為，那你想他為什麼會這樣做呢？因為他相信自己是個失敗者。沒錯，就像你一樣。只不過你不會公開批評別人，而是把批評藏在心裡，因為你認為當個厚道的人，會讓別人更喜歡你。所以你們都是失敗者，只不過你嘴巴閉得緊，他則是比較口無遮攔。

在我繼續探索下去時，**每走一步，我就會發現我和陰影人物在內心裡是多麼相像**。為了補償自己封殺了的那些特質，我們做出的外在行為大不相同，甚至是完全相反的。但在內心裡，我們封殺的是相同的東西：痛苦、侷限的感覺和信念。

像大多數人一樣，我一直以為是陰影人物的行為在困擾我。但是這種批判，只不過是我心中的迫害者在試著補償這些行為之下的負面特質。在上例中，為了補償自己的失敗感，我選擇做個安靜的人，而我的陰影人物卻用相反的方式來補償這種失敗感。我以為安靜的補償者比大嘴巴的補償者來得強，因而遠離了這兩個人行為背後的真正魅影。

多年來，我一直用以下的方式來讓自己和陰影人物整合在一起。有時候進度會很緩慢，因為還有些特質是我自己不敢承認擁有的。但有了決心、意願及靈魂的幫助，我便能瞭解，**陰影就是我自己**。

如果你的伴侶、朋友、認識的人、親戚，甚至遇到的陌生人讓你很受不了，而要接受並去愛他們，對你來說更不可能，我想以下的練習會對你很有幫助：

・步驟1：這個人有哪些特質是讓你受不了的？請記得，你要注意的不是行為，而是「內在的特質」。如果你只能注意到行為，就問問自己：是什麼信念或感覺，造成陰影人物會有這樣的行為？

・步驟2：在回答了以上問題之後，請在你自己身上找出相同的信念或感覺。盡力接受這一部分的自己。完全地擁有它。**你的陰影其實是你的鏡像**。如果你舉起右手，鏡像就會舉左手，但你們舉手的原因則是相同的。行為或許相反，動機則相同。

・步驟3：一旦決定要接受你曾經拒絕的那一部分自己，你可能會覺得有點不自在。**要**

承認你充滿恨意的批判，其實都是在針對自己，實在是不太愉快的，但這種不愉快並不會持續很久。事實上，不愉快的感覺是一種指標，它在告訴你，你的努力開始有效果了。要知道，真理往往是良藥苦口的。

・步驟4：**現在說出你欣賞陰影人物的哪些地方。這個步驟，在治療「陰影人物」的問題上，是非常有利的方式**。在尋找你能欣賞並尊重的特質時，你就對這個人敞開了心胸。如果陰影人物是你的伴侶，這個步驟就能重燃你曾經認為早已熄滅的愛火。另外，既然投射原理可以應用在壞的事物上，也可以應用在好的事物上，那麼如果你欣賞別人的優點，你就有可能察覺，自己其實也擁有這項優點。

・步驟5：回到「步驟1」。重複以上的步驟，直到你感覺和對方較親近，陰影人物也消失了為止。要記得，你和陰影人物愈親近，這個過程就愈有挑戰性，但也愈有價值。因為**一旦你把陰影人物整合為自己的一部分，你曾經拒絕了的天賦就又會回到你身上了**。這樣，你就重新開啟了通往靈魂之門。

對性的罪惡感

「要性愛、不要罪惡感，還是要罪惡感、不要性愛，你自己選。」——佚名

我曾經看過一部電影，有一段是演一位女性稱讚伍迪．艾倫扮演的角色是個很棒的情人。伍迪．艾倫很驕傲地承認了自己這項長處。不幸的是，有很多人不能像他一樣，常常都對自己的性慾有正面、自信的感覺，直到他們跟人建立重要的親密關係時，才知道自己有這樣的問題。

對性的罪惡感，在內省的階段會加深，進而造成許多問題，如房事枯燥乏味、性障礙、男人自覺失去雄風、女人自覺不再迷人、想要另覓性伴侶、忙碌、疲倦、生理上排斥伴侶、三角關係、離婚或分手等。

我曾經聽過有關這方面問題的說法如下：

‧「我情願把晚上的時間都用來看一本好書。」

‧「我壓力好大，沒辦法勃起。」

‧「光想到要跟他做愛，我就想吐。」

‧「我隨時都可以上床，可是他／她一點興趣都沒有。」

‧「我們太忙了，沒時間做愛。要照顧小孩、上班、做家事，真的沒時間。」

我必須重申，由於這是一種潛意識的過程，所以**當事人往往不會發現自己對性失去興趣、冷感、不想做愛或被伴侶拒絕，都是「罪惡感」作祟的緣故**。

在瞭解自己的性慾時，最大的問題是，一般人普遍認為性慾只與我們身體的某些特定部位有關聯。我們會有這樣的想法是因為，在青春期時，我們的性能量就像火山一樣旺盛，但到了二十多歲，能量就減退了，而且只能在生殖器官上感覺到。

生殖器官對性的能量十分敏感，這是必然的，但你也許還記得，進入青春期的時候，你整個身體都能感覺到性的能量。但這種能量後來受到了限制，我認為罪惡感是使這種偉大能量受限的主因。

我並不想探索對性的罪惡感是從何而來的，也不想用真實個案及他人的著作來證明這種罪惡感的真實性。我知道有些人根本不相信這種罪惡感有多普遍。不管有這種罪惡感的人是很多，還是很少，我都希望討論一下這個話題。

因為在工作中，我遇過的很多人都認為，如果性生活完了，婚姻就也完了。事實上，我曾見過許多人把「性趣缺失」當作結束親密關係的好理由。然而，在仔細審視之後，我發現性生活上的死氣沉沉，只不過是親密關係整體倦怠的一部分而已。但是，失去性生活往往會讓人有較激烈的反應。

事實上，性生活並沒有一去不復返，只是換上了不同的面貌罷了。我們不妨把性能量想像成一種磁力，它能修補看起來相反的兩極之間的空隙。在我心裡，所有能治療裂痕的事物，都是充滿了愛的事物。既然愛永不會消失，性能量自然也不會。

如果你和伴侶無法充分地享受房事，那麼我會問你的第一個問題是：「你有多想要你的伴侶？」這不是指你有多想享用對方的身體，也不是問對方對你有什麼欲望。這個問題其實是在問：「你有多想和這個重要的人建立親密的情感交流？」

大部分的親密關係，都會經歷以下的情形：生理的刺激，甚至性幻想都不足以讓你對伴侶保持「性趣」，因為你的靈魂在呼喚你，它希望你能用真正的自己，來和真正的對方交流。

有時候，**為了更接近自己的本質，所有你對自己的身體、性慾、依附情結等的負面感覺，都會浮上檯面，而減少或抑制你在性生活上得到的快樂**。這樣一來，又會讓你有失敗感、緊張感、挫折感或失望。這些感覺，可能會出現在你身上，也可能會從你的伴侶身上反映出來。親密關係中最容易造成壓力的因素的前幾名，一定有「性問題」這一項。

但如果你能把發生的事看作一個機會，讓你瞭解你自己，並瞭解你能無條件去愛別人，又會如何呢？如果你能把全部精神用來愛你的伴侶，把對方當作一個朋友、夥伴以及一份美好的禮物，又會發生什麼事呢？這樣一來，你會不會願意和人分享你的祕密世界、你的恐懼、你對異性（或同性）的憤恨、你的幻想、你的不安全感，以及痛苦，並讓真正的友誼之中的愛和信任成長呢？從這樣的友誼中，很可能會衍生出強烈的、真正的親密感。

這並不是一座高原，一旦爬上去了，就只剩一片平坦。我常常在和妻子經歷了深刻的親密感之後，又會發現它不知何時又悄悄地溜走了。這是因為靈魂總是一點也不寬容，無時無刻不在督促著你尋找更真的自我。但只要你體驗到了這種親密的感覺，你就會覺得性愛是一件很自然的事，不需要感到罪惡，那麼你受到壓抑的性能量，自然也就得到解放了。

當你的性能量得以舒展開來，並向上伸展的時候，你的整個身體都會成為愛的工具，而這也是它原本就該有的身分。

競爭

「在最高處的人是孤獨的，可是誰在乎呢？在最低處，也是孤獨的啊！」——佚名

造成競爭的根源是「不足」——也就是相信沒有足夠的資源可以分給每個人。如果你相信這種想法，又希望自己特別，那麼你就會以這種「不足」的觀點來看整個世界，因而覺得沒有足夠的愛可以分給你，所以你必須打敗其他競爭者，才能得到你所需要的東西。

「爭著當最特別的人」的這種競賽，也會發生在你最重要的親密關係中。你會和伴侶互相較勁，而把朋友、鄰居或孩子當作獎品（你比較愛媽媽，還是爸爸？），或者你也可能單純地只向伴侶證明你比他／她特別。你可能會用你的智慧、教養孩子的技巧、辯論的能力、常識、經驗、過去的親密關係、受歡迎程度、愛乾淨的程度或開車的技巧等做證明。

不管你們把什麼領域當作你們證明自己特別的競技場，我都可以向你們保證一件事：**你們兩個都會輸**。因為你們競爭的起點就是個謊言。要不就是大家都同樣被愛，要不就是根本沒有愛。

雖然有點不好意思，但是我必須承認，「龍蝦效應」[1]也曾經印證在我身上，我曾希望朋友失敗，或至少是不能完全成功，不管他們的目標是追求哪一方面的快樂——也許是金錢、工作、親密關係、創造力、精神生活或其他。因為害怕朋友都有所進展之後，我就會落後，所以我會用耍把戲、散布謠言、蓄意破壞等方式來搗亂，不讓他們成為偉大的人。害怕落後的這種恐懼，會導致不足感——你會相信自己不夠好，所以不能像別人一樣成功，而這種不足感，正是競爭的根源。

當我檢視自己的過去時，不難發現自己喜好競爭的衝動，但在檢視親密關係時，我簡直無法相信自己做了什麼。我的意思是，為什麼我會想跟自己的妻子競爭呢？我應該要愛她的，不是嗎？為什麼我要把她當作競爭的對手呢？而我們到底有什麼可競爭的呢？

當我捫心自問的時候，很快就得到了令人痛苦的答案。我會和妻子較勁，看看我們的朋友比較喜歡誰、孩子比較愛誰、在爭吵時誰是對的、誰比較獨立，還有整體而言，誰是比較優秀的人。仔細思考之後，我發現這些競爭都源自於想要證明自己比較特別。

在你把競爭帶進親密關係之後，你那想當特別的人的欲望，加上害怕被離棄的恐懼，會讓你和伴侶不斷地較勁，而無法發現自己真正的天分和目標。**競爭和許多負面的經驗都**

會扯上關係，如想證明自己是對的，嫉妒、比較、希望對方失敗、批評、嘲笑、說謊、需求、恐懼、權力鬥爭、扯對方後腿，以及驕傲。

真理是安靜的，所以只有平靜的心才能聽到。但是，如果「想要競爭的衝動」控制了你，你的心就永遠無法平靜。想要結束競爭，你必須覺醒，並且誠實地面對你看待親密關係的態度。

有些人就像我一樣，死也不肯承認我們竟然會和自己心愛的人競爭。但這件事不能由別人來證明給我們看，因為我們可以想辦法推翻別人所提出的證據。想要證明，我們必須靠自己，我們得向自己、向伴侶、向朋友承認我們的競爭心態。當然，要說出口，會讓人感到很不自在。競爭必須祕密進行，才能達到最大的效果，要把它公諸全世界，是很困難的，因為我們必須面對自己的羞恥心和罪惡感。

要想確實公開自己的競爭心態而不退縮，我必須問自己三個問題：

第一，我的伴侶值不值得我冒著面對自己的羞恥心和罪惡感的險，去承認我確實和她有競爭？

第二，我自己——這裡所指的是那個獨特、有天分的我——值不值得我冒這個險？

第三，真理值不值得我這麼做？

如果我能對三個問題都回答「是」，那麼我就會找到力量來結束競爭，然後我就可以幫助我心愛的「龍蝦」得到自由了。誰知道呢？也許當我伸出手，把她推向桶子口的時候，我自己也能得到一隻手，來拉我出去呢。

1：被放入桶子裡的龍蝦，即使沒有蓋蓋子，也不擔心牠們爬出來，因為往上爬的龍蝦會被同伴拉下去，比喻較勁的心態。

死神啊，你的毒針在哪裡？

「沒有忙著出生的人，都在忙著死去。」——巴布．狄倫（Bob Dylan）

「有很多事值得人為它而死，但愛是唯一值得讓人為它而活的事。」——佚名

中學時代的一位老朋友告訴我，他第一次被人帶去攀岩的經驗。他說他爬到一半的時候，突然感到一股強烈的恐懼感。在他伸手可及的範圍內，找不到一個可靠的著力點，於是他嚇壞了。

他知道他不可能往下爬，雖然經驗豐富的朋友爬在前面指導他，他還是找不到往上爬的方法。恐懼讓他完全癱瘓了。「那個時候，」他說，「我真想往地面跳下去，好殺死我的恐懼。」幾年之後，我才發現，原來這種「死亡的誘惑」比我所想像的還要普遍。

有時候，在內省的階段，你會覺得親密關係讓你再也難以承受，因而希望所有事趕快

結束。自我放逐所帶來的強烈沮喪感，會讓你覺得沒有必要再繼續下去。也許你並不會想死，但是害怕繼續面對無法改變的現實的恐懼，跟想死的欲望也相去不遠了。

當我們遇到這樣的挑戰，又拒絕感受此狀況所帶來的感覺，就等於是拒絕了生命。這就像是在說：「我再也不想有這種感覺了，我情願死。」如果這句話變成了我們的口頭禪，那麼不管我們選擇留下或離開，都很可能會改用較謹慎的方式來看待親密關係，而且我們對生命的信心和信任也會相對減少。事實上，我們已經把死亡當作解脫痛苦的方式，而把生命當作敵人來看待。

在死亡的方向上，常有很強的拉力，所以想要克服它，必須誠心誠意地選擇生命。在面對一個狀況時，不管你做什麼選擇，都應該以選擇生命為動機，這是很重要的。**如果你做出選擇的動機是恐懼、憤怒或是恨意，你就必須瞭解，這些感覺是在帶你往死路上走**。如果你的動機是誠心誠意地為了每個人好，那麼你就是選擇了往生命的方向走。選擇生命，就能得到很大的福佑。選擇了生命，希望、智能、清晰的目標和方向感都會隨之而來。

你愈是堅定地選擇生命，就愈能感受到內心被啟發的讚嘆和敬畏感。慢慢地，你會發現，生命給了你一份多棒的禮物。即使身處在痛苦中，那種讚嘆、敬畏的感覺仍會存在，並帶給你安慰和靈感。

生命的力量，能讓你以為早已死去的事物起死回生，並讓你得到希望與力量，來追尋信任和愛。在《奇蹟課程》中，有一句話是這麼說的：「神聖的神之子啊，發誓你不要死。」

如果你發現你的親密關係陷入僵局，不能或不願意親近伴侶，那麼你必須注意造成這種僵局背後的力量。這種阻礙你前進的力量，是愛的力量嗎？還是以恐懼為出發點的力量？如果是以恐懼為出發點，那麼這種力量對你和伴侶都有害，對你們的生命也沒有幫助。[2]在受到死亡的誘惑時，你必須全心全意地選擇生命。你選擇生命的決心，能揭開遮蔽的簾幕，而讓小我的祕密暴露出來。這個祕密，就是「以懷疑為手段的陰謀」。

2：為了便於理解，我將任何平靜、和諧、悲憫、鼓舞，稱為是出於愛的感覺；而漠然、限縮、防衛、憤怒、麻木或沮喪，都是從恐懼而生的感覺。

以懷疑為手段的陰謀

「思想源於個性，而懷疑是思想的縮影。」——恰克．史匹桑諾

最後，我們終於要來討論「內省」這個階段的「目的」了——也就是「**要讓我們找到生活中所有問題的源頭**」。經由內省，你得到了檢查自己內心的機會。這時你可能會發現，你心中的小我為了阻止你瞭解真正的自己，設計出了一項奸詐的大陰謀。

「懷疑」就是小我的最佳武器，它會讓你陷在迷宮之中，無法脫身，用大大小小的問題來消耗你的精力，並用許多令人分心的事物來擾亂你，最後還用對過去的不實記憶來迷惑你。小我的目的，就是要阻撓你，不讓你瞭解自己是多有天賦的人。這個陰謀的核心，是要**讓你因恐懼而不敢接近自己的本質**。

每當要做出一項重大決定時，你都會遭到懷疑聲音的圍攻。這些聲音會用恐懼、緊張或

恐慌等感覺來折磨你，試圖讓你相信，你並沒有足夠的能力去做你想做的事。你還沒邁出步伐，懷疑的聲音已經先對你說，你做不到了。你不是不夠好，就是準備不夠充分，或不夠強壯，再不就是沒有價值。

身為研討會的領導者及演講者，在工作中，我慢慢瞭解到了懷疑的本質。我的工作能不能成功，要看我有沒有意願聽從靈魂的引導，而我能不能做到這樣，則是由我的直覺來決定的。

我所謂的直覺，並不是超能力或第六感之類的東西。聽從直覺的意思是去注意我的靈魂的想法。為了做到這樣，我在開研討會之前，不會準備講稿，也不預擬流程，而是**聽從心的方向**，想到什麼就說什麼或做什麼。這表示我必須有自發性，而且十分依賴心靈的啟示和創造力。

然而，當我剛開始做這份工作的時候，我覺得自己沒什麼創造力，沒有靈感，對自己的靈魂也沒什麼信心。於是，我便仿效其他偉大的導師，採用他們的方法。

在我開生平第一場研討會之前，我準備了一份流程表，讓自己知道什麼時候該做什麼事。我一想到站在一大群人面前手足無措的樣子，就覺得很可怕。當參與者發問的時候，我會回想其他導師回應類似問題的樣子，並抄襲他們的回答方式。所有的事都進行得很順利，但是這種情形只維持了一天。

從第二天開始，我就對這項工作感到厭煩，並且為抄襲別人的言語和想法而感到很不好意思。有人說我就連站立和走路的姿勢都很像某位導師。我這些所作所為，都不是在表達我自己。當我發現在內心裡我很想回去做我自己時，**懷疑的聲音又出現了，它企圖說服我相信「我做不到」**。

接下來的幾天，我都陷於天人交戰的處境之中。我的靈魂溫柔地鼓勵我當我自己，鼓勵我更有自發性、相信自己的創造力，並充分發揮自己的才幹。但我心中的懷疑，則告訴我，這些事情我全都不會，我一定會失敗，並在所有的人面前成為笑柄。我雖然想做自己，卻更想要得到參與者的認同。做我自己有什麼好處呢？我不能站在台上，什麼都不做，光是「做我自己」啊。萬一我想不出話來說，該怎麼辦？聽眾會等得不耐煩，他們會走掉的！如果我的能力有限，我已經江郎才盡了，怎麼辦？

我還記得有一次研討會，從第一天直到最後一天，我都被懷疑的聲音嚴重地困擾著。從第一天開始，懷疑的聲音就對我說我不可能成功；我已經沒有題材可講了，我的創造力已經到了盡頭；我已經沒有什麼新的知識可以提供給聽眾了，他們到第三天，八成就會走光了。

接下來的幾天，懷疑的聲音不斷對我說，我所做的是錯的，或做得不夠，再不然就是很假。到了第五天，也就是研討會結束的那天，懷疑的聲音更是變本加厲地對我說，我完全失敗了，我還是快點開始翻報紙分類廣告，找新工作吧——我當研討會領導者的生涯已經完蛋了。也許我應該回頭做從前的工作，去管辦公室，因為消息會傳出去，很快大家都會知道我是個很失敗的研討會領導者。

雖然事實上，超過半數的參與者都很熱情地向我靠過來，感謝我帶給他們美好的五天，但這卻對我一點也不起作用，因為我心裡的懷疑告訴我，這些人只是在說客套話而已，再不然，還有一個更糟的可能性，那就是他們都被我騙倒了。

為了某些原因，我並沒有放棄我的工作，而在一個月之內，我便到達了新的巔峰，在工作中享有創造力、靈感和樂趣。

但我還是常常被懷疑的心所困擾，而必須一再經歷同樣的折磨。就是這些經歷，讓我瞭解到懷疑的本質。

我發現的是：

1 懷疑的心理，一直存在你心中

懷疑的心理，等於是小我所有想法的縮影。小我的想法都是以懷疑為出發點的，所以其目的就是要控制你所有的知覺，讓靈魂無法影響你。在親密關係中，這就意味著你會用懷疑的眼光去看待伴侶。如果你對一個人存有懷疑，又怎麼能親近對方呢？

2 在你面臨一個重大的轉折點時，懷疑的聲音會變得更強大

舉例來說，也許你想突破某些障礙，讓你和伴侶可以有更親密的性生活。這時，懷疑的心理便會扯你的後腿，或讓你的身體不能依靈魂的指示來做動作。

3 懷疑的心理，會把你過去的創傷投射至你的未來

如果你去年從馬背上摔下來過，那麼懷疑的心理就會向你保證，從今以後你只要想騎馬，都一定會從馬背上摔下來。如果你在之前的親密關係中遭遇過失敗，那麼懷疑心理就會企圖說服你，這一次也一樣會失敗。

4 懷疑的心理，是小我用來維持你的「自我侷限觀念」的工具，它會讓你無法瞭解真正的自己

人們往往會把伴侶當作罪魁禍首，但其實懷疑的心理才是讓人無法發現自己本質的元凶。

5 懷疑的聲音，會用實際的事物來造成你的恐懼心理

如果你想辭掉工作，去追尋自己的夢，那麼懷疑的心理就會提醒你，現在失業率很高，你可能會養不活自己，而且你想做的那一行是很難有所成就的。

統計數字往往是小我最愛用的「實質證據」，小我會用這樣的證據來勸你打消念頭。在親密關係中，懷疑的心理會讓你把對方的行為、肢體語言或臉上的表情，當作你無法親近對方的證據。

6 所有的懷疑都是對自己的懷疑

換句話說，如果你這樣說：「我無法相信伴侶的愛，我想他／她早晚會傷害到我。」那麼**其實你真正表達的意思是，你不能相信自己**。你所謂對伴侶的「信任」，其實是一種期望——你希望對方的行為不會對你造成威脅，或使你的舊傷復發。

事實上，你是不相信自己有能力去處理傷痛或愛你自己的。

7 對自己的懷疑就像膠，讓你和你對家庭死忠的觀念黏得緊緊的

如果懷疑自己，你就會沒有安全感，也就會希望藉由對家庭的歸屬感，來為自己找回身

分。當你想要成長並超脫這個身分的時候，懷疑的聲音會盡全力阻撓你，讓你只能繼續維持這個你為自己塑造的身分。

8 如果你向懷疑的聲音屈服，就表示你不再相信生命

如果你不再相信生命，就是相信死亡。這會讓你放棄自己，也放棄生命（死亡的誘惑）。

9 懷疑的心理會支持「不足」的想法，讓你認為自己沒有價值，所以不被愛，也不可能成功

如果你抱持著「不足」的想法，就會有想競爭的衝動，使你處於兩難的境地，害怕冒險，而且感到沮喪。這全是因為懷疑的聲音在對你說，你沒有足夠的價值，所以無法去愛人，也無法被愛。

10 如果懷疑的心理能與愛整合在一起，它就能轉變為明辨的態度

也就是說，懷疑變成了單純地問問題，讓你能夠明察事物的本質，並做出最好的選擇。

在懷疑的心理與你的靈魂之光整合之前，你可能常常會由於死忠的觀念、自我欺騙、天真無知、惡習或恐懼，而做出不適當的選擇，因為這些事物都會讓你受到懷疑心理的控制。

相反地，當懷疑的心理受到靈魂影響而轉變之後，你就能用純真的心去仔細檢查你所遇到的每個事件，不會再受欺騙或誤導。這時，懷疑的心理已經變成明辨的態度，而對你有所幫助。

如果你能記得，懷疑的心理在你要做重大決定時會變得特別強烈，你就不會那麼害怕它了。藉由重申追求真理的決心，你會找到突破懷疑心理的方法，從而瞭解真正的自己。

要記得，**懷疑的心理會把你過去的創傷和錯誤（懷疑的心理會將之稱為「失敗」）投射到你的未來，讓你變得畏畏縮縮，不敢勇往直前，卻反過來尋求你過去所使用的方法，以得到暫時的安全感**。

如果把對懷疑心理的瞭解，應用在你的親密關係上，你就會知道，當你遇到下列情形時，懷疑的心理會讓你無法得到更深層的愛：

①你想離開伴侶，去尋找新歡，或開始幻想擁有一個「更好」的伴侶。

②你覺得自己無法在親密關係中有所進展，因為你懷疑自己或懷疑伴侶不想改變。（所有的懷疑都是對自己的懷疑。）

③你認為自己和伴侶之間的未來會有愈來愈多的阻礙，而你覺得自己將無法承受更多的困難。（自我放逐。）

④你發現自己在親密關係中總是失敗，並開始認為你的生活就只能這樣了，所以何不乾脆放棄？（死亡的誘惑。）

你是否覺得，目前的這段親密關係已經沒有必要再繼續下去了？你們根本不是真的愛對方，而且你們會在一起，都是由於一些錯誤的原因。所以你應該放棄，因為這段親密關係已經沒有任何希望了。現在最好的辦法，就是離開並且另覓新歡，找個真正愛你的人。

你會有以上的想法，都是因為懷疑心理這隻幕後的黑手在鼓動你。懷疑的心理會讓我們想起月暈現象的階段是多麼美好，因而重新在心裡建立起理想情人的形象。這隻黑手會讓我們向外發展，去尋找我們的理想情人。

討論到這裡，你也許會問：「有沒有可能，最正確的選擇就是離開呢？我要怎樣才能知道我是在聽從自己的心，還是在聽從懷疑的聲音呢？」我所能想到的最好的答案就是，聽仔細一點。這個聲音是以「愛」，還是以「恐懼」為出發點？

你的心會明辨是非，並指引你去瞭解真正的自己。而懷疑的心理則根本不會在意你到底做出什麼選擇（因為不管你怎麼選，它都會告訴你，你的選擇是錯的），只要你的動機是恐懼就行了。

只要你專注在真理上，那麼不管你在親密關係中遇到什麼狀況，你的心都會引導你去找出對每個人都好的解決方式。然後你就會明白，**懷疑心理並不是你的敵人。它比較像是一個「把關者」**，在你遇到一個得以成長並突破舊有限制的轉折點時，它就會跳出來阻止你，要你回頭，因為小我的本性就是製造分離，所以它會阻撓你，不讓你體驗到真正的愛和親密。

不要和這個把關者戰鬥，因為這樣只會讓它變得更強大。**你應該**以靜制動，**聽聽把關者有什麼說法，感受一下它所造成的恐懼和痛苦**。然後接受這些痛苦，並呼喚真理。你是真理之子，所以你的心會順從真理。不管你走到哪裡，你的靈魂之光都會引導你。

如果你能夠相信生命，並聽從自己的心，你就會發現，事實上懷疑的心理也對你尋求真理有所幫助——它能讓你更堅定地追尋自己的靈魂。就好像經過了爐火的試煉，工匠才能造出強度夠高的壺一樣；經過了懷疑心理的試煉，你的靈魂才能讓你變成一個堅強的人。

或許，這些都只是我個人的錯誤思想，所以我希望你能用自己的心來確認這些想法是否成立。

我想說的是，我認為你的靈魂關心的，並不是你的親密關係處於何種狀態，或你是不是跟「真命天子」在一起，或你們相處得好不好，事實上它關心的根本就不是你是否能跟人建立親密關係。所以，當你遇到瓶頸，無法親近伴侶時，不要把親密關係變得像宗教一樣——好像如果你不能解決問題，就變成了大罪人似的。

不要固執地認為，你應該跟目前的伴侶過一輩子。因為我相信，如果你不能自由地離開，那麼即使留下來，可能也不是你自己的意願——你留下來，只是因為你覺得這樣是對的，如果是這樣，你就很可能會變成犧牲者。

我相信你的靈魂真正關心的是你所做的選擇，是不是有助於你達到自己真正的目標。如果維持目前的親密關係對你有所幫助，那麼你的靈魂就會支持你往這個方向走；如果離開才是比較好的選擇，那麼你的靈魂就會引導你往那個方向走。

也就是說，我認為**你的心和靈魂最關心的**，不是你在親密關係中的去留，而**是「怎樣做，才能讓你瞭解真正的自己」**。如果你願意順從自己的心，你自然就會領悟出處理親密關係的方法。

親密關係通關指南

1 當從「幻滅」的階段移至「內省」的階段時，你就得到了一個機會去檢視自己的內心，並發覺所有親密關係問題的源頭。「幻滅」會讓你發現：是哪些錯誤的觀念掌控了你大半輩子，並讓你瞭解到，你可以為自己百分之百負責。「內省」則會讓你有更深的洞察力，去揭開錯覺的面紗，進而大大地改變你對自己的看法。

2「內省」常被看作親密關係中最醜陋的階段，因為你覺得伴侶不再像從前那麼迷人了。你已經習慣了用一套固定的方法，來對待彼此及處理不斷浮現的老問題。在這個階段，親密關係中的所有事都不能讓你滿足，所以在你責怪伴侶或挑剔親密關係之前，有必要先檢查一下自己的內心。

3在這個階段，有時候，你會覺得和伴侶之間的愛與親密感沒辦法成長。也許你已經試遍了所有方法，還是連一點小火花都擦不出來，或者你已經沒有繼續嘗試的意願了。也許你感到身心俱疲，而且覺得再怎麼試也沒有用，乾脆放棄算了。這往往是由於小時候的沮喪感導致你自我放逐。

如果你能改變這種經驗，就能得到前所未有的信心和樂觀態度，並瞭解到是這種自我放逐的傾向，影響了你對親密關係、對人生的看法。如果你能勇於面對沮喪的感覺並好好療傷，假以時日，你一定能得到你想要的改變，而你的親密關係，也會跟著改變。

4這個階段另一個很普遍的現象是「碰到牆壁」。就像一個慢跑的人一樣，你感到疲倦、沒精力、缺乏靈感，覺得自己再也支持不下去了。這時候，你能做出的選擇是：放棄這段親密關係，另找一段較輕鬆的感情；你也可以選擇留下來，保有你習慣了的生活方式；或選擇回到吵吵鬧鬧的幻滅階段，因為就算吵鬧也比死氣沉沉來得強；你也可以找一個外遇的對象。還有一個選擇，就是學習「穿牆術」。

5 內省之後，你會發現這座**關住你的三角形監牢的牆壁，其實是你自己創造的**。「受害者監牢」描述了我們在面對問題時所扮演的角色：受害者、迫害者或拯救者。這三種觀點，都只會讓問題惡化，卻不能提供解決之道。你必須成長並跳脫出問題的框架，才能找到解決之道。也就是說，你必須穿越監牢的牆壁，讓自己自由。想要自由，你必須擺脫舊有的知識，以純真的心來發問，才能獲得靈魂的引導。

6 問題能讓你自由。親密關係遇到問題時，不要嘗試去解決它、逃避它或壓抑它，而是應該問自己下列問題：

- 這個時候，愛會怎麼做？
- 如果我能百分之百對自己負責，我會怎麼選擇？
- 我能採取什麼有創意的步驟嗎？
- 這個問題是不是喚醒了一些熟悉的感覺？我願不願意百分之百地接受這些感覺？
- 如果我愛自己，現在該做些什麼？（說些什麼或提供些什麼。）
- 我是不是該放棄些什麼？
- 我是不是該原諒某個人？
- 是不是有人比我更痛苦，我應該用愛來支持他／她？
- 我能說出哪些不爭的事實？

你可以問的問題實在太多了。當你想擺脫舊有的知識時，靈魂會引導你想出該問的問題。

7 內省能讓你瞭解個人問題及親密關係問題的本質。很顯然：

① 要解決問題，必須先跳脫問題的框架。

② 所有的問題，其實都是經過偽裝的禮物和寶貴經驗。

③ 你所看到的每件事，都是你內心世界的投射。

④ 每個人都有能力，為自己生活中遇到的事百分之百負責。

⑤ 自由並非來自答案，而是來自問題。

⑥ 沒有什麼問題，是大到愛無法解決的。

8 左右為難的處境，是在考驗你追尋真理的決心。左右為難的處境，看起來似乎只有兩個選擇，而其中任何一個都只給你部分的滿足，並且會讓你失去一些你不願放棄的東西。在面對這種處境的時候，最好的辦法可能是：把兩個選擇結合起來，成為一個新的選擇；或是在兩個選擇中選一個，但以盡量考慮每個人的利益為原則。無論如何，你必須放下自己的欲望，盡量為每個人想，才能找到最好的解決方案。

9 對家庭的死忠會讓親密關係無法更上一層樓，因為這種觀念，會讓你執著於固定的行為模式、信念及心態。這些行為模式、信念和心態，都是你小時候為了得到歸屬感而發展出來的。死忠的觀念會阻礙你的自發性、靈感、創造力，以及表達真正的自己的機會。然而，要破除這種死忠的觀念卻是很讓人害怕的一件事，因為你會覺得你背叛了家人對你的信任。但是如果不擺脫這種觀念，你就不能做真正的自己，也使得你的伴侶不能做真正的自己。

10 內省階段的一大發現是，原來你所做出的許多行為都不是出於愛，而是出於「罪惡感」。這樣的行為，會暴露出你的犧牲心態。在一段親密關係中，如果你覺得你付出的多，而接受的少，那麼你就是在犧牲。

如果你發現你做某件事只是因為不做會有罪惡感，那麼你就可以選擇，是要繼續犧牲下去，並且因為伴侶付出的比你少而憤憤不平；或生氣地決定不再繼續犧牲，並且時時對伴侶存有戒心，生怕他們會讓你再次落入犧牲的模式裡；你也可以選擇平靜地放棄犧牲的模式，感受自己的罪惡感，並選擇愛；或是藉由選擇去愛伴侶，而把犧牲的模式轉化為正面的事物。

11 要改變犧牲的模式，必須經過好幾個階段，這也就是再次讓你去發掘真正的自己，畢竟這就是內省階段真正的目的。

以下的模型指出了你必須經歷的階段：

12 犧牲會招致放縱，反之亦然。如果你覺得自己是在犧牲，就必然會覺得有人在占你便宜。這個人就是「放縱者」，他／她有可能成為你憤恨的目標。而在內省的階段，憤恨甚至可能會轉為仇恨。

有時候，親密關係的雙方都會覺得自己是犧牲者，並把對方視為放縱者。而當一個人想跳脫犧牲的模式時，他／她往往會擺向另一個極端，而成為放縱者。另外，當一個人在做出犧牲的時候，他／她可能會為了補償自己，而在某件事上（例如吃東西、抽菸、喝酒、看電視

犧牲者

折磨者

「壞人」

情緒

感覺（空虛）

本質（靈魂）

快樂

等）放縱自己，甚至成癮。

13「依附情結」往往是人們自我犧牲的動機。為了不被某個重要的人離棄，你會把自己塑造成某種固定的形象。這種互動關係，一開始出現在你與父母的親子關係之中，而後會移轉到你生命中所有重要的人際關係之上。

會有依附情結，是因為你覺得自己不可愛（這是一種罪惡的感覺），所以你必須改造自己，來贏得你所需要的愛和關懷。在內省的階段，依附情結剛開始浮現時，你會有掉入陷阱、快要窒息或被囚禁等感覺。把伴侶推開能讓你得到喘口氣的機會，卻不能解決依附情結的問題。只有下定決心要做自己，才能打破你為自己塑造的形象。

14在內省的時候，你會發覺，你所看到的所有外在事物，其實都是你內心世界的投射。當伴侶變成你的「陰影人物」——具備所有你所拒絕、厭惡以及壓抑的特質的人時，他／她將帶給你很大的挑戰。

當你批評伴侶時，你其實就是在批評自己——批評那些你不願接受的特質。你必須接受自己的黑暗面，才能更愛你自己。只有這樣，你才能不再攻擊伴侶的缺點，而把伴侶看作你的鏡像。

15對性的罪惡感，會阻礙你的性能量流動，而導致性障礙、排斥伴侶、三角關係、房事中死氣沉沉提不起勁等問題。

如果小時候你所受到的創傷都和性有關（事情經常都是如此），那麼你就會對自己的性慾有強烈的罪惡感和羞恥感。這個問題，在你與人建立親密的關係時必然會浮現。而恐懼會讓浮現出來的問題更加惡化。如果想要療傷，你就應該跟伴侶開誠布公地討論你的恐懼、感覺、幻想和祕密，並增進你們之間的友誼。有時候練瑜伽也會有幫助。

16 處在內省階段的親密關係還有一項特徵，就是伴侶之間會相互較勁，想要證明自己比對方特別。如果為了突顯自己的特別，而把別人踩在腳下，將會造成人與人之間的裂痕。想要消除競爭的傾向，並讓親密感增長，你就必須支持伴侶發展自己的長處。

17 **「死亡的誘惑」所代表的是你害怕面對更多痛苦的恐懼**。你會情願讓親密關係停滯不前，甚至結束，也不願面對自己或伴侶不可愛的那一面。這是一條死路，因為如果你選擇這條路，就無法證明愛的偉大。否認愛，就是否認生命。

如果你所面臨的處境讓你很想死，或是很希望親密關係結束，請正視你所承受的痛苦，並告訴自己：「這不是真理。我現在最渴望得到的就是真理。」讓自己充分地感受內心的感覺，並時時記住會傷人的感覺就不是充滿愛的感覺，而我們該做的是選擇愛、選擇生命。

18 在內省之後，你會發現有一種內在的影響，讓你不能瞭解自己及伴侶的真正本質，這種影響就是懷疑的心理。

發現了這個狡詐的陷阱之後，你還必須記得：

①懷疑的心理一直存在你心中。
②在你面臨一個重大的轉折點時，懷疑的聲音會變得更強大。
③懷疑的心理，會把你過去的創傷投射至你的未來。
④懷疑的心理，是小我用來維持你的「自我侷限觀念」的工具，它會讓你無法瞭解真正的自己。
⑤懷疑的聲音，會用實際的事物來造成你的恐懼心理。
⑥所有的懷疑都是對自己的懷疑。
⑦對自己的懷疑就像膠，讓你和你對家庭死忠的觀念黏得緊緊的。
⑧如果你向懷疑的聲音屈服，就表示你不再相信生命。
⑨懷疑的心理會支持「不足」的想法，讓你認為自己沒有價值，所以不被愛，也不可能成功。
⑩如果懷疑的心理能與愛整合在一起，它就能轉變為明辨的態度。

要記得，當你要向你的靈魂、你的目標以及更美好的親密關係邁出一大步時，懷疑的聲音會變得極其強大，要想不被阻礙或擾亂，只要把你的全部精神都貫注在尋求真理上就可以了。

第五章　啟示

「跟我來吧，把昨日忘掉。
走出你的心，向外跨一大步。」
——頑童合唱團（The Monkees，美國搖滾樂團）

我有幸偶爾一探靈魂關係的神聖殿堂，不過是最近這十年的事。我必須承認自己並不住在這個殿堂之中，我還是經常會回到「內省」、「幻滅」，甚至「月暈現象」的階段，來學習更多的經驗。

由於我經常在各階段間往返，所以我發現，雖然表面上看起來，你必須一步一個腳印地走過每一個階段，最後才能體驗到真正的親密關係，但事實上，親密關係之旅隨時可能來個大轉彎，躍入完全不同的知覺層次，而讓我直達終點。這有點像是開著車，依著路標，往紐約市前進，突然，你的車變成了宇宙飛船飛向太空，穿越了黑洞，繞太陽一圈，飛過一百萬光年的距離，然後降落在紐約市中心。這是我所能想到用來形容「啟示」經驗最好的方法。

從時間上來說，這個階段是十分短暫的，但它對一個人的生命卻會造成深遠的影響。當你穿越了懷疑的迷霧，不再盲目，而能看到自己的本質時，你就會得到「啟示」。在你的生命中，隨時都有可能得到啟示，而你發現人生的目標已經達成了。

一個一文不名的人，有一天收到一封信，說他中了兩千萬的大獎。但是由於他一直把自己看作窮人，所以有點懷疑這封信的真實性。於是他把信拿給一個朋友看，朋友看完後，告訴他，他的確中了兩千萬。但是，這位窮人還是半信半疑。

一個星期之後，當他躺在床上，快要入睡的時候，突然睜大了眼睛，大腦開始急速運轉，並從床上跳了起來——他發現自己現在是個大富翁了。就在這一刻，他的生活完全改變了。

事實上，他早在一個星期前就已發財了，但他手上握著證據，心裡卻還認為自己只是個沒錢的老人。他從一個窮光蛋，搖身一變成為有錢人的過程，只花了不到一秒鐘。「啟示」的力量，也是如此。

啟示可以很戲劇化，也可以很微妙。有時你可以馬上察覺到它的存在，但有時它卻是以不易察覺的方式，一點一滴地滲入你腦中。啟示的力量，能讓人學習並成長。常有人認為啟示是精神層面的東西，人無法主動地爭取它，而它會發生在誰身上，也很難以預測。我無法解釋為什麼我是能得到這種「神蹟」的幸運兒，相信我，這絕不是因為我是個具有美德的人，所以得到神的眷顧。然而，我並不認為啟示是無法用人為的方法得到的。對我而言，**啟示就是我的靈魂讓我感受到它的存在**。得到啟示時，我可以把自己相信是真實的事物看得更清楚，而察覺到自己錯誤的思想，或把我心中相信的真理加以修飾。

我發現，在親密關係中，啟示有三種呈現的方式。

在第一種方式中，啟示推動著你的力量，讓你從一個階段邁向下一個階段，並在痛苦和問題之中成長。幻滅的痛苦，會讓你瞭解到月暈的光彩是不實的。內省則會讓你從自己的內心，找出所有錯覺和錯誤觀念的根源。超脫了空虛、懷疑等感覺，到了啟示的階段時，你就會發現真正的自己。靈魂關係讓你的伴侶可以看到真正的你。所以，每當我們學習到真正重要的事物時，我們就是得到了啟示。

第二種方式，就是剛才所形容的「神蹟顯現」。這種方式也許是你無法掌握的，會不會發生在你身上，也很難說。如果你不知道啟示以何種形態呈現，光是傻等是沒有用的，但是排除任何一種可能性，也不是很好的做法。就像恰克．史匹桑諾所說的：「你不必整天站在碼頭上等你的船進港，但是當它進港的時候，你要準備好迎接它。」

第三種方式，則讓你有自己選擇的力量，而不必聽天由命，或辛苦地走完親密關係的前三個階段。想要接觸到自己的靈魂，不一定非要按部就班，你可以走快捷方式，穿越「量子隧道」。

量子隧道

「桃樂絲……其實你從一開始就擁有回家的力量……你只要立正三次，然後對自己說：『沒有地方像家一樣……沒有地方像家一樣……沒有地方像家一樣。』」——電影《綠野仙蹤》

在我上中學的時候，我們的化學課本裡有一個介紹氨氣分子（NH_3）的理論，很有趣，它是這麼說的：氮原子處在由三個氫原子所形成的三角形中心，氫原子的鍵結很強，所以氮原子應該是無法移動的，但科學家發現氮原子能夠瞬間消失、並出現在三角形的外面，然後很快地又回到三角形的中心。於是這些科學家就做了一個假設，那就是氮原子穿越了一個「量子隧道」，所以能夠自由移動。

我不知道他們後來有沒有繼續發展這個理論，不過用它來說明「啟示」呈現的方式，卻是一個很好的比喻。

在日常生活中，不管陷於怎樣的困境，只要我們的意願是想瞭解無條件的愛，就有機會穿越「量子隧道」，隨之立刻體驗到靈魂關係。重點全在於我們願不願意臣服。如果**我們選擇臣服，就會從「做事」的模式轉換成「接受」，而「接受」正是一切有意識的人際關係的關鍵**。我們可以接受引導、接受啟發，獲得知識而增長見識，這其中任何一項都能讓我們立刻脫離困境。

我曾經親身體驗過「量子隧道」，知道這是怎麼一回事。

那時我和妻子又一次陷於權力鬥爭中，並開始懷疑這樣的競爭到底有沒有停止的一天，還是我們應該在完全撕破臉之前離婚。突然間，我想起朋友有次問我想不想知道讓生命變得豐富的祕密。我告訴他，我很想，於是他對我說：「祕密就是，你的生命已經很豐富了。」這讓我想起電影《天地一沙鷗》裡的一句話：「如果你想盡快到達一個地方，最快速的方式就是，你已經在那裡了。」

當時正深陷於權力鬥爭中的我，仔細思考了這些話中的智慧，然後決定親自試驗一下。我想要的是和妻子相愛，但我當下的處境卻是正在和她爭吵。想像一下，我只要深吸一口氣，就能馬上從爭執中跳脫出來，而和妻子相愛。

我捫心自問，假設我和妻子現在不是在爭吵，而是感情很融洽，情形會是什麼樣的？然後我腦中靈光一閃，想到我可以為妻子做些事。我還來不及思考自己想不想這樣做，就已經開始著手進行了。

她曾經告訴我說，她很愛吃我做的某一道菜，所以我就馬上進廚房去準備。當我在做菜，並專注地「付出」的時候，我有了不一樣的感覺。然後我想，如果現在我與妻子是深深愛著對方的，我會有怎樣的感覺？我感到心中一陣溫暖，頭腦也變得清楚多了。

接著我又問自己，如果我把妻子當作心愛的人，我會怎麼看她？在我心裡，我看到一位既美麗、又有智慧的妻子與朋友。於是我在心裡空出一些空間，讓這些充滿愛的感覺得以成長。很快地，我與妻子間的緊張情勢便冰消瓦解，我們變得更加親近，共進了一頓很棒的晚餐。

在一小時前，這看起來簡直是不可能的事。因為我願意想像自己「已經置身於愛之中」，所以我得到了靈魂的幫助，解決了這次爭執。

這些小小的啟示，看起來似乎是我自己憑空想像出來的，但是我的想像力是從哪裡來的呢？我又怎麼會想到問自己這些問題呢？我想這是因為我選擇了真理，而且我的靈魂也有所演進的緣故，但我想應該還有別種更詳盡的解釋。

首先，想像力不等於幻想（但你內在的「小我」確實會利用想像力來創造幻想）。想像力其實是靈魂在提醒我們，在一件事中存在哪些可能性。

其次，我會想到問自己那些問題，是因為**我選擇不去計較造成爭執的原因，而把愛置於首要的地位**。靈魂支持我的選擇，所以讓我運用想像力去瞭解愛是存在於所有情形之中的——因為**愛永遠不會離開**。然後，我就可以選擇依據自己的想像力來行事，讓原本只是可能的事成真。有一段時間，我簡直就是愛的化身。

生命的天性，就是要讓你不斷地去發現真正的自己，以及你心中存在著的感覺。所以，啟示是隨時都可能發生的。而所謂的學習，只不過是發現早已存在的事物罷了。

啟示是靈魂與人格之間的橋梁。如果你願意接受自己看見的事物，靈魂就會一點一滴地讓你發現它的存在。「啟示」就是讓靈魂注入你意識的導管。在這一刻，你的靈魂讓你看到的是怎樣的伴侶呢？

「量子隧道」在親密關係的每個階段都是存在的，所以如果你願意和伴侶一同體驗偉大的事物，從月暈現象的階段直接躍入靈魂關係，也不是不可能。

用靈魂看待你們的方式來看待彼此吧！那麼，你要怎樣才能體驗到靈魂關係呢？

事實上，你已經在體驗了。

擁抱我所愛

我必須誠實地說，我第一次真正「看見」我妻子是在我們認識三年之後。在那之前，我一直很欣賞並尊重她。她天生的智慧、有深度的美、仁慈、慷慨、敏銳的心，以及熱情，都是我靈感的源泉，常常讓我讚賞不已。我簡直不敢相信自己竟幸運地得到了這麼美好的一份禮物。但這些感激與欣賞，都比不上我發現她的本質時的感覺。

大體來說，那是一個我們共度的很普通的夜晚。前一分鐘，我還只是坐在她身邊，和她輕聲交談著，下一分鐘，我卻能看到並觸碰到她的靈魂。我感到極大的幸福，這種幸福，我以前一直認為是屬於神祕主義或神啟一類的事物。

就在這時，我心中產生了一個念頭，那就是：在過去的三年中，我一直跟一個天使生活在一起。再多的形容詞都不足以描述我此時的感覺。在這之後，有好幾天我都像置身天堂一般，以敬畏的心注視著這世上真正的美麗。

但是，可想而知的，我並沒有一直留在「天堂」之中。幾星期之後，我和妻子又開始爭吵，而之前那奇蹟般的經驗又遠離了我們。但當時那撼動人心的愛，卻一直存留在我的記憶裡，常常使我感到平靜。

有一段短暫的時間，我在「受害者監牢」的牆壁之外過著快樂的日子，牆外的世界是無限寬廣的。在那次之後，我又有過好幾次類似的經驗，而每一次我看見愛人的本質，就覺得與她更親近。

當我擁抱愛人的時候，我就感到好像自己也得到了擁抱。

然後，你就會看見陽光

在第一章中，我曾提過親密關係一開始的「戀愛」階段，能讓我們略微窺見親密關係的真正潛力。在本書中，我也不斷地指出安全避過小我所製造的陷阱的方法。這些方法，有些是別人教給我的，有些則是我自己發現的。每次成功地避過陷阱，我們就能淺嘗一下我所說的「靈魂關係」的甜美滋味。

有了這樣的體驗之後，我們就會得到啟示，瞭解到在每件事的背後都有愛的存在，沒有例外。就這樣，我們在承受蛻變的痛苦時，能夠更相信生命。

在親密關係中，啟示對你的影響愈深，你就愈能察覺到每個問題背後的禮物與經驗。**你的本質會慢慢滲入你的行為模式，影響你去從事適合自己天分的工作與活動**。你要做的不是讓一方勝，而讓另一方敗的決定，而是要以明辨的態度來決定採取何種行動——或不採取何種行動——才會對每個人都好。

這些都是我從啟示中得到的知識。啟示能讓你對自己的旅程有全然不同的看法，也讓你瞭解每次苦痛與喜悅背後的真正目的。

當然你還是有可能離開啟示的階段，而重新體驗權力鬥爭、失望或停滯的狀態，但啟示會在你心中留下深刻的印痕，讓你在面對困境時，仍能心存希望，並**相信只要你決心選擇愛，就能度過所有困境**。

不管是一步一腳印地走過親密關係的所有階段，還是走快捷方式，穿越「量子隧道」，到最後，靈魂都一定會讓我們瞭解到愛的真正目的，進而踏進靈魂關係的大門。

第六章　靈魂關係

「一旦脫去了外殼，毛毛蟲就會蛻變成美麗的蝴蝶。」

——唐納文．李區（Donovan，音樂人）

我寫靈魂關係，並不是要描述它可能的形貌。許多人會認為這樣的關係必然是婚姻關係。有些人甚至會從宗教的角度來想，把它當作神聖的關係，而擁有此種關係的伴侶，頭上都有神聖的光環圍繞。還有些人會依據他們自己的信念和價值觀，來創造出不同的形貌。

以我個人來說，我並不認為婚姻關係是靈魂關係的必要條件，也不認為靈魂伴侶們的外表和行為會和人們想像的一樣。在靈魂之路上走得愈久的人，就愈不會被絢麗的外表或教條所影響。

我也不是要描述人類在體驗到靈魂關係時所共有的經歷，因為事實上，每個人的體驗都不會相同。在本章中，我想要指出的是，人際關係是一條心靈之路，它所反映出的，是「愛」為全人類所做的計劃。

你的伴侶就是你的良師，而那呼喚你的聲音，就是在要求你去學習無條件的愛。別人到修道院或深山野嶺中去尋求的東西，你在自己家的沙發上、會議室或海灘俱樂部就可以得到。

不論你身在何處，**在學習去愛伴侶的過程中，你將學會如何去愛全人類**。然後，你與任何人的交流都會變成一種神聖的體驗，讓你愈來愈瞭解「愛」的計劃。

允許

「輕訴智慧的話語：『讓它去吧。』」——保羅．麥卡尼（Paul McCartney），披頭四名曲〈Let It Be〉

多年前，有一次，我曾思考將來要如何設計自己的墓碑。

我想的並不是自己死後要埋在哪裡，而是我的墓碑上要寫些什麼。我沒來由地想到這樣一句話：「埋在這裡的人，一生都在為做事而做事。」會有這樣的想法，也許是因為我當時是個很忙碌的年輕人，總是在做些什麼事，一刻也不得閒。做事，做事，做事，做事！忙碌，忙碌，忙碌！我總是在追逐著某個重要的目標。但一旦達成之後，這個目標便顯得一點也不重要了，於是我又轉而追逐下一個遙遠的目標。

不管我達成了——或沒有達成——多少的目標，我從來沒有停下來問問自己，這些目標到底值不值得我花時間去追逐。「做事」就是我全部的生活，因為這樣我才覺得自己有用、有重要性，人生也才有目的，但我還是常常感到空虛。

在這件事上，我的妻子再一次成為我的良師。她讓我瞭解到，自古以來所有的聖賢之人一直在嘗試告訴我們這個道理：「重要的不是你做了些什麼，而是你是什麼樣的人。」

在我的親密關係中，我總是為了維持婚姻幸福而盡心盡力。我的想法是，如果我「有用」，就不會被取代。不斷地忙碌，能夠確保我們的物質生活不至於匱乏。我生存的理由就是要充當家人的供給及保護者，因為這樣我才能向妻子證明，留下我這個人還是有點用處的。婚姻是我必須「做」的事，所以我的婚姻也像我的生活一樣，都是「為做事而做事」。

問題是，親密關係、溝通、放下或奉獻都是不能靠「做」的。在你擺脫了小我所造成的錯覺，並開始為親密關係的真正目的而付出時，事情就有了很大的改變，你的責任不再是「做事」。

在靈性導師馬哈拉吉（Guru Maharaji）年輕時，有人問他英文中，最重要的字是什麼。他的回答是：「允許」（LET）。在說這話的時候，他一定早已突破親密關係的牆壁，體驗過「牆外的生活」，因為**靈魂關係的關鍵，正是「允許」**。當然這不是要你整天呆坐著無所事事，而是要讓你明白，**你所做的事，應該是聽從你的心的引導而做的事**。如果你能明白「允許」的道理，那麼你所做的事就是出自靈感、創造性的想法，以及啟示。

看看左方這張圖表，你就會明白，在「為做而做」與「允許」之間，生活的品質有很大的差異。

看看我所列出的圖表。

為做事而做事	允許
擔心	耐心
必須做某事	選擇做某事
壓力	自然而然
掙扎	自在
工作	藝術
一板一眼	有創意
十萬火急	曙光浮現
負擔	喜悅
具體思考	直覺
努力弄清楚事情	等待「船到橋頭自然直」
依賴已知的技巧	依賴天分
讓事情成真	自我實現
強迫性	充滿靈感
以目標為重	以方法為重
獨立	與人合作
努力划船	當船上的乘客

我不需要一一解釋以上這些詞，我想你只要瀏覽一遍整個表格，就可以明白，哪一邊所列的詞，較能讓你有平靜、祥和的感覺。

然後讓我問你一個問題：在你的生活中，花在哪一邊的時間較多呢？是為做事而做事，還是允許？

也許你還記得，在第三章中，我們討論過溝通的原則以及練習這些原則的必要性。在幻滅的階段，我們總是想「做點什麼」，而且希望有一套公式可以讓我們來遵守。我也確實提出了一套很像是公式的理論，但我在那一章的結尾所討論的卻是「臣服」。因為練習這些綱要固然十分重要，但其真正目的只是要你能像身處靈魂關係中的人一樣，自然而然地採取這些步驟。

在靈魂關係中，我們所要練習的不是做事，而是「允許」。溝通不再依循公式來進行，而是讓我們心中的直覺、靈感以及揭露真正感覺的明燈，來做我們的引導。

一般來說，強迫性的、為滿足「小我」需求而做出的行為往往是不恰當的。在靈魂關係中，我們會把小我擺在次要的地位，而以所有人的利益為優先考慮。依這樣的想法而做出的行為是自然而然的，猶如曙光乍現一樣。

相反地，被小我驅使而做出的行為，則充滿了壓力和十萬火急的感覺。

想要以「允許」的態度來過日子，你必須先有能力辨別是什麼力量在影響你的決定。個人的感覺、欲望與衝動往往會干擾你，讓你無法接觸到自己的靈魂，所以，培養自由選擇的能力是很重要的，我把這種能力叫做「無私的明辨」。

無私的明辨

「不管大事、小事，知道得最清楚的，永遠是你的心。」——佚名

在親密關係的前三階段，大部分的人所關心的，都是和自己切身有關的個人事物。偏差行為、吸引磁場、爭吵，以及「受害者—迫害者—拯救者」的角色扮演等，都是「追求個人需求」所導致的結果。

在這幾個階段，我們認為個人的事就是重要的事。既然我們所有的決定都受到個人偏見所影響，我們就很難用清明的心來分辨事情。當你突破了難關，進入靈魂關係之後，你就會開始瞭解到，靈魂的本質是無私的。它所關心的是更偉大的事——也就是愛為全人類所做的計劃。

有時候我們會心甘情願地放下一己之私，而追尋真正重要的東西——也就是愛。因為唯

有這樣，我們的靈魂才能讓世人瞭解到愛的計劃。

在我們把愛當作首要目標的同時，個人的需求也自然而然地得到了最極致的滿足。想要在所有的私心、偏見及自我懷疑中做出最充滿愛的選擇，你就必須充分培養自己的明辨態度。

在瞭解了這一點之後，我才明白，唯有做出充滿愛的選擇，才能在親密關係中，真正地向前邁進一步。你只要回顧一下過去的權力鬥爭，就能明白這個道理。

每次你願意承認自己的錯誤，而不是頑固地堅持自己的立場時，你就是在為了愛做出犧牲，捨棄對你很重要的個人事物。

選擇愛，對你自然是有益的，但在你做這個決定的時候，你內在的小我並不能瞭解這種無私的選擇有什麼益處。所以，小我會指使你死守立場不放棄，除非你的心和靈魂的力量能夠蓋過小我的影響力。

每次你放下期望，選擇原諒而不責怪他人，或是表達真心的感激而不批判人時，你就選擇了重要的事物，而把個人的事物擺到一邊。

愛總是靜靜地待在幕後，等著你選擇它，把它放在首要的地位。愛不會強迫你、操縱你或奪去你的自由意志。它只會靜靜地等著你主動邀請它。

我列了一張圖表（見三〇八頁），來比較個人事物和重要事物之間的區別，希望能幫助你做出清明的分辨。

這一次，我還是只要求你從這兩欄文字中得到一個大略的概念。

值得注意的是，在「重要的」那一欄中所列的特質，全都是靈魂的本質，也是靈魂所支持的事物。

我並不是在暗示你：個人的目標、觀點、感覺或欲望都是不重要的。我只是想讓你明白，如果個人的事物能和重要的事物一致，我們將會有更多快樂。

個人的	重要的
相當特別的人的需求	愛
不真實的死忠觀眾	追求真理
自我觀念	本質
排除他人	兼容並蓄
對歸屬感的需求	覺得自己是獨立個體
想證明自己重要性的需求	發掘天賦
為獲得而付出	心甘情願地服務
造成分離	具整合性
選擇立場	同心協力
一贏一輸；妥協	雙贏；意見一致
懷疑	信任
謹慎地交	真正的情誼
自我防衛	心胸開闊
獨立的人格	整合靈魂的人格

你永遠不需要去尋找、追逐或贏得愛，因為愛不會躲藏，不會跑走，也不會向你要求任何代價。你只要在心裡為它留一塊空間，愛就會自然地注入你心中。

這就突顯了「明辨」的重要性，因為**只有明辨，才能讓你超脫情緒、倦怠感、迷思及衝動，並察覺到你必須做什麼樣的選擇，才能邀請愛來進駐你的心**。這個選擇也絕對是對你及伴侶都好的最佳選擇。

我記得有一次，這樣的「最佳選擇」意味著我必須和女友分手。雖然她是一個很好的人，我們相處也很融洽，但我的心對我說，是該離開的時候了。

我的女友不同意我的看法，而我看她那樣不快樂，心中升起了很強烈的罪惡感，使我幾乎打算放棄分手的念頭。然而，我內心裡卻清楚地知道，結束這段親密關係對我們兩個都好。而我也知道，其實在我女友內心深處，她也想結束這段關係，只不過她自己並沒有意識到罷了。

我相信自己的心，於是我和她溝通，把我心裡的想法說給她聽，我沒有刻意找藉口，而只是說出真誠的話。最後我們流著淚，平靜地分了手。

雖然我們分開了，但我覺得我們仍處在一種充滿愛的關係之中。

分手第二天，她就遇到了她未來的丈夫。

結語　新的起點

「我們會在深淵的邊緣野餐，毫不理會情勢的危險。」

——電影《魯本，魯本》（Reuben, Reuben，一九八三）

雖然本書已近尾聲，卻不代表靈魂關係就是情感之旅的最後階段。它其實應該是一個起點，因為從這裡開始，你將獲得的體驗是難以數計的。人類靈性的奧祕，還在等待著旅人去探索，而旅人即將面對的考驗、經驗及禮物，將變得神祕，且愈來愈接近純粹的能量。

在親密關係中，一旦你下定決心要遵從靈魂的引導，你的人格就會開始與靈魂的能量相整合。想要達成這個目標，你就必須學會充分地主宰自己的身體、感覺及心智。

在過去，人們相信，要學會主宰自己，必須遠離社會的誘惑才行。這種自我封閉的生活方式，往往意味著人必須居住在修道院或廟宇之類的地方，保持絕對的貞潔，安貧樂道，而且完全服從廟宇中的權威人物。在現在這個時代，人際關係就是我們的修道院，而貞潔、安貧、服從等誓言也已被取代，現代人只需讓自己成為成熟、能明辨是非的個體就足夠了。

有很多偉大的著作都在描述人類能得到的那些榮耀，卻很少有書會討論人類如何能在日常的人際關係中，體驗並分享這些榮耀。在細讀偉大的心靈著作、哲學及密教教義時，我發現有關人際關係重要性的討論寥寥無幾，而討論人與神及天堂之間關係的著作，卻比比皆是。

在我的生活中，我也曾從精神導師的身上學到不少，也曾經歷過人稱「宇宙體驗」的極樂感覺。然而，我所學到有關「無條件的愛」的寶貴經驗，卻大多是從朋友、情人、子女、家人和熟人的身上得到的，也就是說，我在與其他人的相處中獲益最多。

在靈魂關係的層次，你將會遇到第一位真正的導師——那就是你的靈魂。除非你讓靈魂來做你的導師，否則你將很難找到其他的導師。你會輕易地受名氣的誤導，去相信那些所謂的大師、偶像、神父、心理治療師、心理學家或脫口秀主持人等等，卻忽略了一個重要的事實——你的伴侶也許正在對你表達靈魂的話語，而你卻渾然不覺。

你必須先認識自己內在的這位導師，才能從別人——從伴侶開始，擴散至其他人——身上，感受到靈魂所要傳達的內容。到最後，你與每一個人的相遇都會成為神聖的邂逅，因為你可以從別人身上發現真正的自己。我相信，我們必須先有這樣的體驗，才能分辨出哪些人才是真正有智慧的大師。

我花了超過兩年的時間才寫成這本書。我相信花費這麼長時間才完成的原因，是希望盡可能地寫出一部豐富的作品，一本能完全反映我親身經驗的書。

身為創意顧問，安德利亞給了我很大的幫助。歐馨則將我的文字予以簡化，讓文意更簡單明瞭。不過對我有最大影響力的，該算是我的妻子，因為她既是我的伴侶，又是我的良師。

身為一個堅定的獨身主義者，我必須依賴她來教導我親密關係的基本原則。我是個很差勁的學生，不但驕傲、頑固、遲鈍，又不肯改變。而在認識她之前，我從來沒想過要結婚。所以在展開這段親密關係時，我等於是個不折不扣的新手，不知道奉獻、溝通與親密為何物。在我描述親密關係的各個層面之前，都必須先充分地親自體驗，然後才敢下筆。

當我在婚姻中遇到不如意時，我常常想要把這本書丟到一邊，不再繼續寫下去。因為我覺得，既然連自己都做不到書中的理念，又怎麼有資格教導別人呢？我一直相信，能以親密關係為題來寫作的人，本身必然是這方面的翹楚。

如果事實真是如此，那我該算是個例外。我經常在深淵的邊緣遊走，而且這絕不是像野餐一般的愉快經驗。但我發現，經常摔倒的人會比較瞭解大地；同樣，我也常在審視自己的錯誤時，學到許多有關親密關係的事，而我也一直相信，人必須不斷地從錯誤中學習，才能進入天堂。

我與妻子都不知道我們的親密關係到了明天、下個月，或者明年會有怎樣的發展。但我知道的是，不管事情在表面上看起來如何，我和妻子在走每一步的時候，都會盡我們的所能去感受及表達愛。每個人都是如此。

我謹以一首短詩作為本書的結尾，並再一次點明本書的主題：親密關係是通往靈魂的橋梁。

兩個相愛的人

在地球上創造了一座伊甸園，

並開啟了天堂之門。
經驗說：「這是不可能的。」
愛　說：「事無好壞，詮釋在人。」
驕傲說：「這太可笑了。」
愛　說：「事無好壞，詮釋在人。」
謹慎說：「這太冒失了。」
愛　說：「事無好壞，詮釋在人。」
理性說：「這不合理。」
愛　說：「事無好壞，詮釋在人。」
迷信說：「這會帶來霉運。」
愛　說：「事無好壞，詮釋在人。」
遠見說：「這沒有希望。」
愛　說：「事無好壞，詮釋在人。」
當你說話時，要讓你的話語發自於愛。
當你沉默時，要讓你的沉默發自於愛。
當你罵人時，要讓你的責罵發自於愛。
當你與伴侶相互保護時，你們彼此的保護也應該發自於愛。
讓愛在你的生命裡生根，

美好的事就會發生。

——聖奧古斯丁（St. Augustine，著有《懺悔錄》），大衛．漢森（David F. Hanson）英譯

【致謝詞】

首先，我要表達對張德芬女士的感激和欣賞。她是一位誠懇而且熱愛真理的人。她的友誼豐富了我的生命。若不是她的熱心和仁慈，這本書可能沒有與中文世界的讀者結緣的機會。

Chuck Spezzano博士全心全意地支持我成為工作坊的帶領者、老師和作家。

素梅，你激發了我的靈感，共同創作了這部作品。孟禪，我要謝謝你在英文版編輯上的貢獻與出色表現。

在這裡，我沒有足夠的空間來一一詳列所有對我的工作和這本書，貢獻了大量時間、精力的人的名字。包括我分散於各國的翻譯、代理人、推廣顧問及出版社，以及多年來，因為參加我的課程而成為支持我、並守護著我的，眾多最忠誠的朋友。你們的名字我無法在此一一列舉，但我知道你是誰，並且也永遠不會忘記，你在我作為一個老師、作家和凡人的旅程上，曾給予我最無私的協助與祝福。

國家圖書館預行編目資料

親密關係 I：別將伴侶當成應該滿足你需求的人／克里斯多福．孟作（Christopher Moon）；張德芬，余蕙玲譯.──初版.──臺北市；寶瓶文化事業股份有限公司,2025.03
面；　公分,──（Vision；269）
譯自：Relationship：Bridge to the Soul
ISBN 978-986-406-460-1（平裝）
1.CST:戀愛心理學 2.CST:兩性關係 3.CST:兩性溝通
544.3704　　114000870

Vision 269

親密關係 I──別將伴侶當成應該滿足你需求的人

作者／克里斯多福．孟　Christopher Moon
譯者／張德芬．余蕙玲

發行人／張寶琴
社長兼總編輯／朱亞君
副總編輯／張純玲
主編／丁慧瑋　編輯／林婕伃．李祉萱
美術主編／林慧雯
校對／張純玲．劉素芬．陳佩伶
營銷部主任／林歆婕　業務專員／林裕翔
財務／莊玉萍
出版者／寶瓶文化事業股份有限公司
地址／台北市110信義區基隆路一段180號8樓
電話／(02)27494988　傳真／(02)27495072
郵政劃撥／19446403　寶瓶文化事業股份有限公司
印刷廠／世和印製企業有限公司
總經銷／大和書報圖書股份有限公司　電話／(02)89902588
地址／新北市新莊區五工五路2號　傳真／(02)22997900
E-mail／aquarius@udngroup.com

著作完成日期／一九九九年
初版一刷日期／二〇二五年三月六日
初版三刷日期／二〇二五年六月十一日
ISBN／978-986-406-460-1
定價／四六〇元
Relationship: Bridge to the Soul by Christopher Moon

寶瓶文化・愛書人卡

感謝您熱心的為我們填寫，對您的意見，我們會認真的加以參考，
希望寶瓶文化推出的每一本書，都能得到您的肯定與永遠的支持。

系列：Vision 269　書名：親密關係I——別將伴侶當成應該滿足你需求的人

1. 姓名：＿＿＿＿＿＿＿＿＿＿ 性別：□男　□女

2. 生日：＿＿年＿＿月＿＿日

3. 教育程度：□大學以上　□大學　□專科　□高中、高職　□高中職以下

4. 職業：＿＿＿＿＿＿＿＿＿＿

5. 聯絡地址：＿＿＿＿＿＿＿＿＿＿

聯絡電話：＿＿＿＿＿＿＿＿＿＿

6. E-mail信箱：＿＿＿＿＿＿＿＿＿＿

□同意　□不同意　免費獲得寶瓶文化叢書訊息

7. 購買日期：＿＿年＿＿月＿＿日

8. 您得知本書的管道：□報紙／雜誌　□電視／電台　□親友介紹　□逛書店
□網路　□傳單／海報　□廣告　□瓶中書電子報　□其他

9. 您在哪裡買到本書：□書店，店名＿＿＿＿＿＿＿＿＿＿
□劃撥　□現場活動　□贈書
□網路購書，網站名稱：＿＿＿＿＿＿＿＿＿＿　□其他

10. 對本書的建議：＿＿＿＿＿＿＿＿＿＿

11.希望我們未來出版哪一類的書籍：＿＿＿＿＿＿＿＿＿＿

（請沿此虛線剪下）

亦可用線上表單。

寶瓶　讓文字與書寫的聲音大鳴大放
寶瓶文化事業股份有限公司

廣　告　回　函
北區郵政管理局登記
證北台字15345號
免貼郵票

寶瓶文化事業股份有限公司　收

110台北市信義區基隆路一段180號8樓

8F,180 KEELUNG RD.,SEC.1,

TAIPEI.(110)TAIWAN R.O.C.

（請沿虛線對折後寄回，或傳真至02-27495072。謝謝）